김승희 교육 에세이

행복한 어른이
행복한 아이를 기른다

김승희 교육 에세이

행복한 어른이
행복한 아이를 기른다

김승희 글 | 이진경 그림

아울출판사

들어가며

이 책에서 가장 많이 나오는 단어를 꼽으라고 하면, 교사, 아빠, 엄마 그리고 아이일 것입니다. 그러면 누구를 위하여 쓴 책일까요? 궁극적으로는 아이에 대한 것일 수도 있겠으나 글자 수가 많은 책인 것을 보면 교사나 엄마, 아빠를 위하여 쓴 글임을 짐작할 수 있습니다. 그럼 이 책은 아이의 건강한 양육을 위한 '양육서'일까요? 아닙니다. 이 책은 교사, 아빠, 엄마를 포함한 모든 어른들을 위한 책입니다.

  저는 이 책을 쓰면서 가장 많이 생각한 단어가 '자아존중감'입니다. 왜냐하면 '자아존중감'은 진정한 어른이 되기 위한 가장 중요한 조건이기 때문입니다. 아이를 잘 양육하기 위하여 이 책을 보신다면 더할 나위 없이 추천을 드릴 수 있습니다. 이 책은 아이를 잘 양육하기 위해서 양육자가 꼭 보아야 할 책이기도 하기 때문입니다. 하지만 저는 이 책이 아이 양육 이전에 아이를 둘러싼 모든 어른들이 읽어 보시기를 감히 소망해 봅니다.

  이 책에는 많은 내용들이 연구 자료나 예화, 실제 사례를 통하여 표면화되어 설명되어 있기도 하고 독자께서 보다 정독하여 다양한 숨은 뜻을 발견하시기를 원하는 작가인 저의 의도로 숨겨져 있는 내용들도 있습니다.

각 장마다 다른 소재로 다른 주제를 다룬 듯이 보이기도 합니다. 하지만 제가 결국 전 장을 통하여 말하고자 하는 것은 '자아존중감'임을 염두에 두시기 바랍니다.

우리는 어른이 되었다고 생각하며 행동하는 사회에 살고 있습니다.

키도 크고, 나이도 먹었고, 옷도 세련되고, 말솜씨도 유창합니다. 직업을 갖추어 생계를 이어나갈 경제적 능력도 있습니다. 남편도 있고 아내도 있습니다. 그리고 아이도 있을 수 있습니다.

그런데 어렸을 때 되고 싶었던 어른이 되었는데 별로 행복하지 않은 것 같습니다.

왜 그럴까요?

나 자신에 대한 가치를 헐값에 두고 있기 때문입니다.

나는 그렇지 않은데 다른 사람이 나를 가치롭게 여기지 않는 것이 아닙니다. 바로 내가 나를 가치롭게 여기지 않는 것입니다. 나에 대한 잘못된 판단, 잘못된 선택, 잘못된 노력, 잘못된 평가 등이 나를 가치롭게 여기지 않는 마음으로 귀결시켜 버린 것입니다.

나 자신을 진정으로 가치롭게 여기는 마음. 자아존중감은 내가 살면서 직면하기 힘든 많은 어려움들인 변화, 책임감, 경쟁, 갈등, 정직, 자만, 열등, 실패, 실수, 후회, 나눔, 돕기, 협력 등으로 힘들었던 우리 자신에게 새로운 방향을 제시해 줄 것입니다.

하지만 이 책은 더불어 '아이'에게 보여지는 모든 어른들, 특히 교사, 아빠, 엄마가 탐독해 주시면 더욱 감사하겠습니다.

이 책의 많은 부분들에서 저는 '의미있는 사람'에 대해 말하고 있습니다. 어느 누구에게나 '의미있는 사람'은 정말 중요합니다. 왜냐하면 세상을 바꾸는 가장 큰 힘이 '사람'에게 있고 그 사람이 어느 한 아이에게 '의미있는 사람'일 때, 그 아이 역시 세상을 바꾸는 '의미있는 사람'이 될 것이기 때문입니다.

그 의미있는 사람의 대부분이 교사이고 아빠이고 엄마입니다. 왜냐하면 세상을 바꾸는 가장 큰 힘을 갖고 계신 분들이기 때문입니다. 이 책이 그 분들의 아픈 마음을 위로하고 힘을 주고 믿는 바에 확신을 가질 수 있도록 도움이 되었으면 좋겠습니다.

아빠와 엄마가 처음 우연히 만났습니다. 한눈에 반하든, 숱한 만남으로 정이 들든 사랑을 하게 된 아빠와 엄마는 최선을 다해 자신을 준비하며 만남을 갖습니다. 가장 멋진 넥타이를 고르고 가장 예쁜 원피스를 입습니다. 거울도 얼마나 많이 보는지 모릅니다.

결혼을 하고 함께 사랑을 나눈 아빠와 엄마는 아이를 갖게 됩니다. 엄마 뱃속에서 열 달 동안 아이는 조그만 몸을 웅크리고 앉아 있고 엄마는 아이가 불편할까 최선을 다해 몸을 조심조심 움직이고 아빠는 최선을 다해 엄마를 보살핍니다.

열 달이 지나 엄마는 정말 최선을 다해 고통을 참아 가며 아이를 출산하게 됩니다. 그것을 바라보는 아빠의 심정은 정말 이루 말할 수 없는 고통입니다.

아아앙!
아이가 태어났습니다. 아주 예쁜 아이가 태어났습니다!
아빠와 엄마가 최선의 사랑으로 낳은 아이!
바로 당신입니다.

당신과 나.
정말 소중한 우리들이 소중한 우리 아이들의 멋진 '어른'입니다.

2024년 첫 달에

김승희

차례

들어가며 … 4

제1장　당신이 내게 특별한 이유 … 11
제2장　기차놀이의 비밀 … 25
제3장　포기하지 않는 흉내쟁이 … 37
제4장　흐릿한 잉크의 사랑 … 47
제5장　두 슈퍼맨이 기대하는 것 … 57
제6장　마음속에 접어 놓은 예쁜 색종이 … 67
제7장　자만의 싹과 진정한 씨앗의 구별 … 79
제8장　최선의 괴력 … 93
제9장　당신에게서 본 영향력 … 103
제10장　'이해'라는 평가 … 115
제11장　한계로 이루는 기적 … 127
제12장　키 재기 포토존 photo zone 에서 … 139
제13장　동그라미 일일계획표의 여백 … 149
제14장　정직한 거울 보기 … 159

나오며 … 167

제1장
당신이 내게 특별한 이유

문화적으로는 음악, 미술 등등으로 세계적 이목을 끌기도 하지만 '저출산'이라는 국가적 위기 상황으로서도 전 지구적인 주목을 받고 있는 대한민국의 요즘입니다. 그래서 그런지 TV에서는 전에 없던 커플 매칭 프로그램들이 즐비하고 가족들이 주로 시청하는 시간대에는 아주 예쁜 아기들이 청년들을 유혹하기에 그지 없습니다. 커플 매칭 프로그램에서 매우 집중을 요하는 시간은 '자기 소개' 시간입니다. 왜냐하면 자신이 관심을 갖고 있는 사람에게 자신이 매우 괜찮은 사람이며 그 상대방에게 자신이 중요한 사람이 될 가능성이 있다는 것을 각인시켜 주어야 하기 때문입니다.

비단, 이러한 프로그램에 출연하지 않더라도 우리는 흔히 자신을 소개해야 할 때가 있습니다. 그때 우리는 어떻게 자신을 소개하나요? 혹여 명함이라도 있다면 공손하게 내 이름 석자가 박힌 인쇄물을 내어 드리지만, 그것이 꼭 필요치 않아 소지하지 않은 사람은 가장 먼저는 외모로, 성격으로, 집안 배경으로, 직업으로, 업적으로, 친구들을 통해서라도 자신을 잘 소개해야 합니다. 그것으로 상대방은 나를 알기 때문입니다.

하지만 더 중요한 것은 나는 나를 잘 아는가입니다. 재미있는 질문입니다. 나를 알지 못하고 어떻게 명함을 만들며, 나를 이렇게 저렇게 소개를 하는가 말입니다. 그런데요, 이렇게 저렇게 소개한 나에 대한 내용들은 영원할까요? 변화하거나 없어지지 않느냐 하는 것입니다. 무슨 맹꽁이 같은 소리를 하고 있느냐고 하실 수도 있지만 나에 대한 것 중 영원히 변하지도 없어지지도 않는 것이 있다는 것을 알아야 합니다.

모든 아이들은 '유니크'한 존재

저는 유아교육을 공부하기 전 생물학을 공부했습니다. 생물학과에서 유아교육학과로 편입하고 저는 참 많은 변화를 겪었습니다. 거기에는 적응하기 어려운 변화가 대부분이었지만, 또한 그 대부분이 '씨익' 하고 미소를 지을 수 있는 즐거운 경험이었습니다. 그중 제가 참 감동을 받았던 말이 있었습니다.

"당신은 유니크unique한 사람입니다!"

제가 이 말을 들었을 때의 충격이란 이루 말할 수가 없었습니다. 한창 영단어vocabulary 속에서 참 많이도 보았던 유니크unique라는 단어는 마치 '네가 내 이름을 불러 주었을 때 나는 드디어 꽃이 되었다'고 했던 김춘수 시인의 〈꽃〉이라는 시詩에서의 '꽃이 된 내가 갖는 특별함'처럼, 유니크는 그 단어 자체가 갖는 "특별한" 이상의 의미를 제 가슴에 심어 주었습니다.

유아교육에서 '유니크'는 매우 중요한 가치를 의미합니다. 유아교육에서 모든 아이들은 '유니크' 한 존재라고 말합니다. 그래서 아이들은 존귀합니다. 소중합니다. 함부로 할 수 없습니다. 아이들이 '얼리 차일드early child' 또는 '얼리 칠드런early children'이라는 용어로 분류되어질 수도 있지만, 그렇다고 모든 아이들을 같은 특징을 가진 존재로 묶어 버리는 실수를 범하면 안 됩니다. 아이들이 유니크하다는 것은 이 세상에서 단 하나밖에 없는 존재라는, 그들이 존중받아야 할 권리를 의미하기 때문입니다.

그냥 여자일 수 있는데, 그냥 학생일 수 있는데, 그냥 지구촌이라는 사회의 한 구성원일 수 있는데, 그 유니크라는 단어의 특별함은 제가 이 세상에 있는 어느 누구와도 다른 여자이기 때문에, 이 세상에 있는 어느 누구와도 다른 학생이기 때문에, 이 세상에 있는 어느 누구와도 다른 지구촌의 구성원이기 때문에 이제는 그냥 아무렇게 산다는 것이 나에게 무책임한 행동이구나 하는 생각을 갖게 해주었습니다.

물론 이 특별함은 자기중심적이거나 자만심, 자존심과는 다른 '자아존중감'에 관한 것입니다. 제가 제 자신에 대한 특별한 자아존중감을 갖는 것이 중요한 이유는 제 자신이 진정한 마음으로 저를 존중할 수 있을 때 자신을 존중하듯이 다른 사람을, 혹은 제게 허락될 수도 있는 아이들을 진정한 마음으로 존중할 수 있기 때문입니다. 저도, 다른 사람도, 그리고 아이도 존중받아야 마땅한 권리를 갖고 있습니다. 이 권리는 제가, 다른 사람이, 아이가 무언가를 해서 얻은 보상의 대가가 아닙니다. 생명이 주어질 때 그냥 무상으로 주어진 권리입니다. 모두 존중받아야 하는 소중하고 특별한 권리를 갖는 것입니다. 그래서 우리는 모두 가치로운 존재입니다. 그리고 이렇게 서로 존중함으로 우리는 또한 신뢰로운 관계의 기초를 형성할 수 있습니다.

아이들의 첫 관계 형성 '애착'

지금 사회는 제4차 산업혁명에까지 이르는 매우 커다란 사회 경제적 변화를 겪고 있습니다. 이로 인하여 가족의 구조가 급변하고 있고, 비정상적인 가족의 형성으로 아이들의 기본적인 관계가 깨어지기도 하며 또 많은 긴장을 동반하는 새로운 관계가 만들어지기도 합니다.

'관계'의 형성은 아이들이, 아니 한 사람이 성장하는 데 있어서 매우 중요한 요소입니다. 아이들은 관계를 통하여 상호작용을 함으로써 다른 사람과 의사소통을 하게 되는데, 특별히 의미있게 관계를 맺고 있는 사람과의 의사소통은 한 사람의 삶에서 많은 것을 결정짓습니다.

그중 하나가 '애착attachment'입니다. 애착은 아이가 태어나 처음 만나는 부모(1차 양육자 - 양육자가 반드시 부모가 아닐 수 있음)와의 정서적 유대감입니다. 즉, 아이가 세상에 태어나 처음으로 눈을 마주치고 손을 마주 잡으면서 마음을 나눌 수 있는 사람과의 관계성이 어느 정도인가 하는 것입니다. 이러한 애착이 중요한 이유는 이 애착이 어떻게 형성되는가에 따라 친구를 어떻게 사귀는지, 모르는 사람에게 어떻게 대하는지, 나를 어떻게 표현하고 나의 권리를 어떻게 주장하는지 등 아이가 성장하면서 바람직한 사회구성원으로서 갖추어야 할 '사회성'이 결정되기 때문입니다.

이에 대한 중요한 연구가 있습니다.

한 초등학교에서 아이들에게 반 친구들 중 자신의 생일에 초대하고 싶은 사람을 세 명만 종이에 적어 내도록 하였습니다. 결과는 놀라웠습니다. 어떤 친구는 모든 친구가 적어 낸 초대하고 싶은 친구의 목록에 올라와 있었지만, 어떤 친구는 누구에게도 선택을 받지 못했습니다. 그 결과와 함께 그 연구에 참여한 아이들의 애착에 대한 검사를 해보았더니 반의 모든 친구들에게 선택을 받은 아이는 '안정 애착'을, 모든 친구들에게 선택을 받지 못한 아이는 '불안정 애착'을 형성하고 있다는 것을 알 수 있었습니다.

여기서 우리는 생각해 보아야 할 것이 있습니다.

이렇게 1차 양육자와 애착을 형성하지 못한 아이는 정말 성장하면서 긍정적이고 원만한 사회적 관계를 맺도록 돕는 사회성 발달에 대한 가능성이 없느냐 하는 것입니다. 정말 엄마와, 혹은 아빠와 불안정 애착을 형성한 아이는 건강한 사회성 발달이 이루어지지 않은 채 성장하여 한 명의 사회구성원이 되어 버리는 걸까요? 너무도 감사한 일은 최근 많은 영유아 교육 기관에 다니는 영유아와 교사들에 대한 연구에서 그렇게 1차 양육자와 애착을 형성하지 못한 영유아들이 2차 양육자인 영유아 교사와 바람직한 애착을 형성하게 될 경우, 긍정적인 사회성을 발달시킬 수 있다는 결과를 밝히고 있다는 것입니다. 이 연구 결과는 매우 중요합니다. 즉, 1차 양육자와 바람직한 애착을 형성하지 못한 아이라 할지라도 그 아이는 성장하면서 만나게 될 어느 누구와도 의미있고 긍정적인 정서적 유대감을 형성할 수 있는 가능성이 있고 그로 인하여 아이는 바람직한 사회성을 기르게 되어 그 아이가 속한 사회를 구성하는 온전한 한 사람으로서 자리매김할 수 있다는 것입니다. 부모가 아니더라도, 그 아이가 성장하며 만나게 될 그 어느 누구는 조부모도, 선생님도, 친구도, 이웃집 사람도 될 수 있습니다. 그리고 그 어느 누군가가 아이에게 미칠 영향력은 예측이 불가능할 만큼 크다고 합니다. 아마 그래서 아프리카의 그 유명한 속담이 생겨났는지도 모르겠습니다.

"한 아이를 키우려면 온 마을이 필요하다"

"한 아이를 키우려면 온 마을이 필요하다."
이 속담은 말 그대로 온 마을의 사람들을 포함한 한 아이를 둘러싼 마을의 인적 그리고 물적 모든 환경을 통해 아이가 성장한다는 것을 의미합니다. 한 마디로 한 아이가 성장하는 데 중요하지 않은 요소가 없다는 것입니다. 또한 그와 같이 부모만큼이나 아이가 속한 마을의 다른 사람, 즉 2차 양육자가 중요하다는 말이겠습니다.

하지만 그렇다고 부모가 아이의 성장에 대한 모든 책임을 2차 양육자에게 던져 버리듯 맡겨서는 안 되겠습니다. 무엇이든 처음은 정말 중요합니다. 부모는 아이를 세우는 데 가장 중요한 '세상과의 신뢰'가 무엇인지를 처음 알려 주는 사람입니다. 엄마 아빠의 품속이 세상 전부인 아이에게 엄마 아빠를 믿지 못하게 한다면 아이는 더 이상 세상을 신뢰하지 못하고 엄마 아빠의 품을 떠나서는 자라나지 못할 것입니다. 기저귀가 더러워져 기분이 좋지 않다고 아무리 앙앙 울어도 오지 않는 엄마에게, 배가 고파서

"먹을 것을 주세요."라고 울어도 오지 않는 아빠에게, 젖병을 입에 물려 주고서는 눈도 마주쳐 주지 않고 미소도 보여 주지 않는 엄마에게, "저 혼자서는 무서워요." 하며 울어도 오지 않는 아빠에게 말 못하는 아이는 마음속으로 이렇게 말할 것입니다.

"엄마, 아빠가 날 사랑하지 않아. 이런 세상에서 더 살고 싶지 않아. 난 자라지 않을 거야!"

양육자의 정성스런 스킨십이나 따뜻한 정서적 지지의 부재가 아이의 신체적 성장에 큰 영향을 미칠 만큼 아이를 바라보는 아빠의 다정스런 눈길과 아이의 심장 소리를 느끼는 엄마의 포근한 가슴은 매우 중요하다고 할 수 있습니다.

저는 학부 시절에 중앙대학교 사범대학 부속 유치원에 가서 아이들을 위한 과학 활동 실습을 했던 경험이 있습니다. 그때 저는 '맛보기 잔치'라는 활동명으로 아이들의 감각에 대한 수업을 하였습니다. 이것은 껍질을 벗기면 하얀색이 나오는 열매들인 배, 사과, 고구마, 감자, 밤을 깍두기 모양인 정육면체로 잘라서 작은 접시에 올려놓고 눈에 안대를 한 아이들이 한 명씩 맛을 보며 열매의 이름이 무엇인지를 알아맞히는 활동입니다. 아이들은 그 활동을 시작하자마자 기대가 한껏 부푼 듯한 모습으로 눈에 안대를 하였습니다. 그런데 그중 한 남자아이가 접시 위의 고구마를 먹더니 이런 말을 하였습니다.

"선생님, 제가 태어나서 처음 먹어 보는 맛이에요!"

저는 그 말을 듣고 깜짝 놀랐습니다. 그리고는 마음속으로 '그렇구나!'

하고 무릎을 쳤습니다. 어쩌면 영유아 교육 기관에서 아이들을 만나는 교사는 아이들에게 '세상'이라는 곳에 그들이 걸어갈 다리를 놓아 주는 첫 번째 선생님일 수 있겠다 싶었습니다. 그렇다면 1차 양육자인 부모는 어떨까요? 당연히 아이들에게 세상을 처음으로 선보이는 사람일 것입니다. 얼마나 중요한 사람입니까!

예전에는 인지적 지능IQ으로 사람의 능력을 판단하기도 하고 사람의 미래를 예측하기도 했습니다. 하지만 요즘은 정서지능EQ, 사회지능SQ 그리고 다중지능까지 사람의 능력에 대한 연구가 다각도로 면밀히 이루어지고 있습니다. 그러나 특별히 유전적 요소를 다분히 갖고 있는 인지적 지능IQ에 대해 일반적으로 한 집단에서 그 집단의 구성원들의 인지적 지능이 어떻게 분포되어 있는지를 알아 보는 '집단 내 분포도'를 그려 보면, 양쪽이 내려가고 가운데가 볼록 솟은 종 모양을 이룹니다. 가운데 솟은 부분은 평균적 지능을 가진 사람들이고 내려간 양쪽 중 좌측은 미숙아, 우측은 천재 또는 영재로 불리는 부류의 사람들이라고 할 수 있습니다.

그렇다면 인지적 지능이라는 기준으로 보았을 때 세 부분, 평균적인 사람, 미숙아, 천재(영재)로 분류한다면 과연 어떤 부류가 가장 행복한 삶을 살 수 있을까요? 물론 이 질문을 받는 집단의 특징에 따라 응답은 다르게 나올 수 있겠지만 제가 수년간 강의했던 학생들의 대부분은 '평균적 지능을 가진 사람'이라고 응답을 하였습니다.

하지만 우리가 또 놓쳐서는 안 되는 중요한 질문이 있습니다. 그렇다면 미숙아나 천재(영재)는 행복한 삶을 살 수 없는가 하는 것입니다. 우리의 역사에서 빛나는 삶을 살았던 천재 아인슈타인이나 에디슨, 그리고 헬렌 켈러를 예로 든다는 것이 우리에게 진부한 사례가 아니었으면 합니다. 그리고 그들의 행복한 삶을 위해 숨은 조력자가 있었다는 것, 그 조력자들이 그들의 발달적 특징을 발견하고 도왔다는 것을 우리는 잊으면 안 될 것입니다. 여기서 우리가 더욱 유념해야 할 것은 돕기에 앞서 민감한 시선으로 그들의 특별함을 발견해야 한다는 것입니다. 그리고 일찍 발견할수록 더 잘 도울 수 있다는 것을 간과해서는 안 됩니다. 그렇다면 어떻게 발견할 수 있을까요? 어떻게 도울 수 있을까요? 어떻게 도와야 아이들이 행복한 놀이를 할 수 있을까요?

피아제와 비고츠키 선생님

저는 수업 시간에 가끔 '순돌이'라는 아이의 이름을 등장시킵니다. 예전 모 TV 드라마에서 저의 기억 속에 자리잡은 아이의 이름으로, 제가 수업 중 설명해야 할 이론에 대한 사례를 제시할 때 이 아이가 나오곤 합니다.

어느 날, 순돌이는 유치원에서 자유 선택 활동 시간에 쌓기놀이 영역에서 종이 블록을 가지고 무엇인가를 만들고 있었습니다. 순돌이가 자신을 중심으로 주변에 둥글게 원으로 종이 블록을 놓고 있는데, 그때 순돌이 곁으로 피아제Piaget* 선생님이 다가오셨습니다. 선생님은 매우 흥미롭고 관심있는 어투로 말씀을 하셨습니다.

---

* 장 피아제Jean Piaget(1896~1980)는 스위스 발달심리학자이다. 어린이의 논리적 사고 발달에 대한 연구를 통하여 어린이는 능동적으로 환경과 상호작용함으로써 인지 발달을 이룬다고 주장했다.

"순돌아, 정말 멋지구나. 무엇을 만드는 거니?"

피아제 선생님의 관심과 칭찬에 순돌이는 기분이 좋아져 말을 합니다.

"멋지지요! 울타리예요!"

"그래! 정말 멋지다! 그 안에 있으면 정말 마음이 편안하겠어요!"

이러한 피아제 선생님의 친구인 비고츠키Vygotsky* 선생님도 순돌이의 울타리를 보러 오셨습니다.

"와! 순돌아. 정말 멋지다! 이게 뭐야? 정말 굉장한데!"

순돌이는 비고츠키 선생님의 질문에 따라 신이 나서 울타리를 만들었다고 말을 합니다. 그런데 비고츠키 선생님은 또 다른 말씀을 하십니다.

"그런데 순돌아, 그 울타리 한 쪽에 문을 만들면 어떨까? 그러면 다른 친구들도 놀러 올 수 있을 것 같은데. 그리고 울타리 가운데에 작은 탑을 만들어 올라앉으면 울타리 너머 저쪽 멋진 풍경도 볼 수 있을 것 같구나."

피아제 선생님과 비고츠키 선생님. 누가 순돌이에게 더 좋은 선생님일까요? 모두 좋은 선생님입니다.

제가 가르쳤던 대부분의 학생들이나 이 질문을 받으신 분들은 비고츠키 선생님이 순돌이에게 더 좋은 선생님이라고 답변을 하곤 합니다. 물론 순돌이가 더 발전할 수 있도록 계단을 만들어 비계설정scaffolding**을 해주

---

* 레프 비고츠키Lev Semenovich Vygotsky(1896~1934)는 러시아 발달심리학자로, 어린이는 적극적이고 능동적인 존재로서 언어 발달에 의한 사회적 상호작용을 통하여 지식을 스스로 구성할 수 있다는 인지 발달 이론을 주장했다.

** 수업에서 힌트를 주거나 암시를 주는 등 근접 발달 영역(ZPD; Zone of Proximal Development, 실제적 발달 수준에서 상호작용을 통한 도움을 받아 발달할 수 있는 잠재적 발달 수준과의 차이)에서 성인이 어린이의 발달을 돕기 위해 수행하는 교육적 행위.

신 비고츠키 선생님은 순돌이에게 더할 나위 없이 좋은 선생님입니다. 하지만 순돌이의 현 상태를 그대로 인정해 주시고 받아 주신 피아제 선생님도 좋은 선생님이십니다. 발달할 준비가 아직 덜 된 어떤 아이들은 선생님이 해주시는 비계설정이 때로는 부담이 될 수도 있기 때문입니다. 그렇다면 두 분 선생님이 모두 아이들에게 중요한 영향을 주시는 좋은 선생님이니, 만약 아이를 양육하시는 부모님이나, 현장에서 아이들을 안내하고 돕는 교사라면 내게 맞는 특징의 선생님 유형을 선택하면 될까요? 아닙니다. 변신을 잘해야 합니다. 한 아이에게서도 피아제 선생님이 필요할 때와 비고츠키 선생님이 필요할 때가 있기 때문입니다. 쉽지 않겠지요. 두 종류의 다른 선생님으로 시시때때 다른 역할을 해야 한다는 것도 그렇겠지만 아이를 돕는다는 것 자체가 차려진 밥상에서 내가 먹고 싶은 반찬만 골라 먹는 것과 같은 일이 아닙니다. 중요한 것은 아이에게 정말 좋은 선생님은 두 선생님의 모습으로 아이의 필요에 따라 다가가 주신다는 것입니다.

그런데, 그것을 잘하려면 정말 잘해야 할 것이 있습니다. 무엇일까요? 관찰입니다. 이것은 영유아 교육 기관에서 아이들을 만나는 2차 양육자인 영유아 교사뿐 아니라 가정에서 아이들에게 처음 세상을 소개해 주는 1차 양육자인 부모들에게도 무엇보다 필요한 마음가짐이며 중요한 자세입니다. 이 관찰의 중요성 때문에 저를 지도해 주셨던 교수님께서 말씀하셨듯이 저도 저의 학생들에게 아주 재미있는 지도를 합니다. 영유아 교사들은 뒷머리에도 눈이 달려 있듯이 관찰을 잘해야 한다고 말입니다. 하지만 정말 선생님 뒷머리에 눈이 있다면 아이들은 엉엉 울고 난리가 날 것입니다.

그것은 사람이 아니라 괴물이기 때문입니다. 하지만 그런 영유아 교사는 그만큼 아이들을 향한 사랑으로, 안내해 주고 싶은 열정으로 잘 관찰하여 아이의 상황에 따라 피아제 선생님으로도, 비고츠키 선생님으로도 변신이 가능한 것입니다. 이것은 비단 영유아 교사뿐만 아니라 부모님들에게도 주어지는 특권일 것입니다.

피아제와 비고츠키는 구성주의를 주장한 위대한 학자로서 책과 이론에서의 인물이 아니라 이미 아이를 돕는 당신의 몸속에 체화되어 아이들에게 좋은 안내자가 될 수 있도록 힘이 되어주려는 분들입니다. 하지만 그 힘은 또한 피아제나 비고츠키 이전에 당신이 어떤 사람인가에 대한 당신 자신의 확신에서 출발합니다.

"당신은 정말 중요한 사람입니다!"

내가 나의 중요성을 아는 것. 그것은 이 세상 그 어떤 것으로도 비교할 수 없는 나의 가치를 결정하는 것입니다. 내가 중요하다는 것은 내가 나에 대해 갖는 권리이며 의무이기도 하지만 그것이 다른 사람과의 원만한 관계를 결정하기 때문에 '이기적'이거나 '자기중심적'이지 않습니다.

아빠의 넥타이를 매 보며 굵은 목소리를 흉내 내거나 엄마의 뾰족구두를 신고 신나게 컴퓨터를 두드려 보는 아이들은 이미 사회에서 나 자신을 소중히 여길 줄 아는 자아존중감으로 충만하게 채워진 부모님들 그리고 선생님들과 어깨를 나란히 하고자 한 걸음 한 걸음을 뒤뚱거리며 걷기 시작하고 있습니다.

그것이 당신이 우리 아이들에게 특별한 이유입니다.

제2장
기차놀이의 비밀

칙칙폭폭, 칙칙폭폭!
예전 어렸을 때 둥그런 줄 속에 친구들 서너 명과 함께 들어가 기차놀이를 했던 기억이 있습니다. 참 재미납니다!

하지만 이 기차놀이는 쉬운 놀이가 아닙니다. 왜냐하면 '기차'라는 줄 속에 들어가 있는 아이들이 서로 협력을 잘해야 하기 때문입니다. 맨 앞에 선 친구가 잘 달린다고 뛰어가도 안 될 것이며 맨 뒤의 친구가 자기가 못 달리니 뒤에 있다고 앞 친구들의 속도에 처져서도 안 됩니다. 더욱이 가운데 친구는 앞의 친구와 뒤의 친구 사이에서 자신의 보폭을 잘 유지해야 합니다. 혹여 이 기차가 어떤 목표 지점을 향하여 가는 것이고, 드디어 그 목표 지점에 도착했다면 그것은 앞에 선 친구의 능력이라고도 할 수 없고, 목표 지점에 도달하지 못했다고 뒷 친구의 잘못이라고도 할 수 없습니다.

동행은 그런 것입니다.

누가 더 잘나고 누가 더 못나고를 따질 수 없습니다. 함께 하는 것만으로 격려가 되고 기쁨이 되는 서로를 존중하는 마음의 표현입니다.

함께 놀아 주는 어른

저는 유치원 현장에서 9여 년 정도 유아 교사로서 아이들과 함께 했습니다. 아이들과 함께 한다는 것은 정말 많은 헌신과 희생이 동반되기도 하지만, 그것 또한 눈 녹듯이 사라지게 만드는 이상스런 비밀이 유아 교육 현장에 있기도 합니다. 그 비밀은 9여 년을 저와 함께 해주었던 아이들의 동행이었습니다.

큼지막한 교구장을 옮기다가 힘이 다 빠져서 있다가도 "선생님!" 하며 조막만 한 손으로 아이가 제 손을 잡아 줄 때, 온몸에 파고들었던 피로감이 온데간데없이 사라집니다.

어느 스승의 날이었습니다.

한 여자아이가 등원을 하였는데, 저를 보더니 막 달려와서 펄쩍 뛰어 안겼습니다. 한 손에는 장미꽃 한 송이, 또 한 손에는 카드 하나가 들려 있었습니다. 제 두 팔에서 내려선 그 아이는 저에게 꽃과 카드를 두 손으로 공손히 내밀었습니다. 저는 콩닥콩닥 설레는 마음으로 카드를 열어 보았습니다. 저는 거기에 삐뚤빼뚤 글씨로 씌어진 글을 보고 저도 모르게 탄성을 질렀습니다.

"선생님, 잘 놀아 주셔서 감사합니다!"

가르치는 것이 아니었습니다. 놀아 주는 것이었습니다.

궁극적으로 유아교육에서 교육의 매체는 놀이입니다. 어른에게 있어서는 일과 놀이가 분리되어 있지만 아이들은 놀이를 함과 동시에 일을 함으로써 세상의 지식과 삶의 도구, 그리고 사회구성원으로서 필요한 규칙 및 능력들을 배웁니다.

최근 아이들의 놀이를 그 아이의 유형에 따라 소개하고 부모님들께서 아이의 놀이를 도울 수 있도록 마련한 TV 프로그램이 있습니다. 이 프로그램은 굉장히 중요한 것들을 시사하고 있는데, 가장 먼저 염두에 두어야 할 것이―제1장에서 그 중요성을 언급했던 것처럼―관찰을 통해 아이를 이해하고자 했다는 것입니다. 왜냐하면 아이와의 놀이는 아이에 대한 이해를 기반으로 하지 않으면 아이를 위해 내어 준 부모님들의 시간이 아이에게 결코 행복한 시간이 아니기 때문입니다.

하지만 부모님이나 교사가 아이들을 이해했다고 하여 아무 의도나 계획 없이 아이들과 놀이를 한다는 것이 무조건 좋다는 것은 아닙니다. 아이들이 놀이하는 시간은 아이들에게 쉼의 시간이기도 하지만 또한 궁극적으로 배움의 시간입니다. 그러므로 함께하는 부모님과 교사는 아이들의 교육적 성장을 위한 의도와 계획을 세우는 것이 필요합니다. 그 계획과 의도가 가르치는 자의 치밀한 준비 속에서 아이들의 자연스러운 놀이로 탈바꿈할 때 아이들은 가정뿐만 아니라 유치원에서 또는 어린이집에서 교사의 의도와 계획에 의한 놀이가 아닌 자신 스스로 만들어 낸 놀이로 인식하게 됩니다. 이처럼 자신의 놀이에 대한 인식은 아이들이 자신감을 갖고 주체적으로 놀이를 선택하는 법을 배울 수 있도록 해줄 뿐만 아니라 아이들이 가정에서, 유치원에서, 어린이집에서 자율적이고 주도적으로 즐거운 놀이를 할 수 있게 해줍니다. 또한 아이들은 그러한 아이의 시선에 따라 함께 놀아 주는 어른을 의미있는 '멋진 친구'로서 받아들이게 됩니다. 아이에게 있어서는 그 누구와도 바꿀 수 없는 소중한 동행인인 것입니다.

'동행'의 기쁨을 키우는 놀이

유아 교육 기관에서 아이들은 선생님과 재미있는 놀이를 많이 합니다. 그 중 하나가 신체 게임 활동입니다. 게임의 유형은 여러 가지가 있으나 유아 교육 현장에서 주로 아이들과 함께 하는 신체 게임은 '편게임'입니다.

편게임은 두 팀으로 나누어 승리를 목표로 하여 규칙을 지키며 서로 경쟁하는 가운데 교육 목표를 달성하는 게임 활동의 한 유형입니다. 그런데 제가 대학에서 이 편게임을 지도했을 때 학생들로부터 늘 받는 질문이 있었습니다. 편게임에서 서로 이기려고 팀원들이 갖는 '승리'라는 목표가 교육적이냐 하는 것이었습니다. 당연히 이것은 교육적입니다. 다만 게임 방법과 규칙을 지켜가며 승리를 쟁취해야 합니다. 편게임이 갖는 중요한 교육적 장점은 '소속감'을 갖게 해준다는 것입니다. 편게임은 '승리'라는 공동의 목표를 향하여 아이 스스로 서로가 서로를 격려하고 응원할 뿐 아니라 자신을 집단의 한 일원으로서 여기며 책임감을 갖고 맡은 역할을 감당할 수 있도록 돕는 다양한 교육적 가치를 갖는 활동이라고 할 수 있습니다.

아이들이 갖는 '편'이라고 해서 무시할 일이 아닙니다. 아이들은 자신이 속한 '편'의 승리를 위해서 열심히 몸을 움직이며 생각을 합니다. 그야말로 최선을 다하지 않으면 자신의 '편'이 낭패를 보기 때문입니다. 나보다 공동의 목적을 우선순위에 두고 행동하는 것입니다. 왜냐하면 아이들은 한 편의 구성원으로서 '책임감'을 갖게 되었기 때문입니다. 한 사람 한 사람 중요하지 않은 사람이 없습니다. 똑같이 공동체의 일원으로서 갖는 책임감으로 '동행'하는 중요한 순간들입니다. 그래서 모두 즐겁습니다. 공정한 관계 속에서 '동행'의 기쁨을 누리는 게임이 민주주의의 기초를 배우는 중요한 활동이라고 해도 과언이 아닙니다.

저는 이 게임을 지도하는 수업을 할 때 예비 영유아 교사인 대학생들에게 이런 질문을 하곤 했습니다.

"OO 대학교 유아교육과 O학년 O반이라는 것을 언제 느끼나요?"

"내가 O반이라는 소속감을 느끼나요?"

"언제 느끼나요?"

"느끼면 좋은가요? 좋지 않은가요?"

학생들은 이런 저의 질문에 MT 가서 반 대항 게임을 할 때, 밥 먹을 때 그리고 다른 반보다 무엇인가에 대한 좋은 평가를 받았을 때 등등에서 소속감을 느낀다고 대답을 했습니다.

그러면 저는 또 질문을 합니다.

"그 소속감과 함께 가져야 할 것은 무엇일까요?"

학생들은 자연스럽게 대답을 해줍니다. '책임감'이라고 말입니다.

우리는 보통 책임감이라고 하면 '내가 감당해야 할 짐burden'으로 느끼는 경우가 많습니다. 공동체에 대한, 공동체에서 내가 맡은 역할에 대하여 해야 하는 과제 같은 의무 말입니다. 하지만 그 전에 더 중요한 것이 있습니다. 나 자신에 대한 책임감입니다. 내가 정말 가치롭고 중요하다고 느낀다면 나를 함부로 할 수 없습니다. 책임감 있는 삶을 가꾸기 위해 최선의 노력을 해야 합니다. 좋은 직장도, 멋진 배우자도 하늘에서 그냥 뚝 떨어지는 것이 아닙니다. 나에 대한 책임감 있는 노력을 할 때 주어지는 선물입니다. 그럴 때 내가 속한 곳에서의 소속감도 강해질 것이고, 내 삶에서 나와 동행하는 모든 이들과 함께하는 기쁨을 나눌 수 있을 것입니다.

결혼을 한 여자는 가정에 또 하나의 '편'이 있습니다. 남편은 삶의 중요한 동행인입니다. 보통 사람들은 부부 중 아내에게 갖는 남편의 책임감만을 많이 강조하곤 합니다. 하지만 아내도 남편에 대한 책임감이 필요합니다. 남편의 30대, 남편의 40대, 남편의 50대에 대한 책임감이 필요합니다. 내 남편의 50대를 상상해 보실까요? 그 남편 옆에 아내인 내가 있다면 50대의 남편은 어떤 모습일까요? 물론 남편이 아내에게 갖는 책임감도 마찬가지입니다. 아내인 나 때문에, 남편인 나 때문에 남편도 아내도 보다 성숙하고 멋진 모습이 되어 있지 않을까요! 그럴 때 부부는 참된 동행의 반려자가 될 것입니다. 비단 부부만이겠습니까! 가족이란 이름으로 모인 구성원들도 그렇습니다. 누나의 배려로 남동생이 정서적으로 여유있는 학창시절을 보내고, 아빠에 대한 자랑스러움으로 아들의 삶의 목표가 정해지고, 서로 거울이 되어 주는 자매간의 우애로, 우리는 가정 안에서 서로가 서로를 세워 주는 든든한 '편'이 되어 주고 있습니다

가르치기보다 놀아 주세요

저는 어느 날 박사 모임에서 한 여고 동창생을 만났습니다. 병설 유치원의 원감 선생님으로서 유치원 현장에서 아이들과 함께 하고 있었던 그 친구와 근 20여 년 만에 저는 정말 가슴 벅찬 조우遭遇를 하였습니다. 고교 동창생만큼 좋은 친구가 없지요. 친구처럼 좋은 동행인이 없습니다. 그 친구와 저는 현장과 대학에 대하여, 또는 학문에 대하여, 그리고 교수법에 대하여 등 여러 가지 이야기들을 나누지만, 특별히 저희 둘이 서로에게 해주는 것이 있습니다. 서로의 발 앞에 돌부리가 있는지 보아 주고 들어 주고 알려 줍니다. 서로가 서로에게 소속감을 느끼는 참 동행인이라면 당연한 모습입니다!

이미 서로 인정하였기에 같은 길을 함께 가는 것입니다. 누가 누구를 이끌어야 하는 것이 아니라 시간과 장소를 그리고 마음을 함께 해주었음에 감사를 느끼는 것입니다.

그것은 동행을 경험하는 사람들만이 느끼고 아는 축복입니다.

그래서 교사와 부모는 아이들의 모델이 되어 아이들을 이끌어 주는 모습도 필요하나 아이들을 가르치고자 하는 습관적인 행동에 앞서, 아이들과 놀이할 줄 아는 참 동행인이 되어야 합니다.

아이들이 교사나 부모의 지시에 무조건 맹목적으로 순종하는 것은 있을 수도 없지만 그렇다고 즐겁게 교사나 부모를 따르는 아이들이 교사나 부모가 존경스럽고 배울 것이 많아서 따르는 것이 아닙니다. 동행하는 즐거움 때문입니다. 선생님 뒤를 졸졸 따라가다 보니 재미있는 것도 있고 아

빠, 엄마와 함께 무엇인가를 하다 보니 행복감에 젖게 되는 것입니다. 그런 아이들이 방실방실 웃는 것을 보고 선생님도 아빠와 엄마도 행복하겠지요. 동행입니다.

교사에게, 아빠와 엄마에게 행복을 느끼게 해주는 아이들의 동행에 엄마, 아빠, 그리고 교사 역시 감사해야 합니다.

이끄는 것만이 어른의 역할이 아닙니다. 함께 손을 잡고 걸어가 주는 것도 중요합니다.

저의 대학원 은사이신 박찬옥 교수님을 찾아뵈었던 어느 날, 교수님은 너무도 다정한 눈빛으로 저에게 말씀하셨습니다.

"우리 그때 논문 정말 재미있게 했지요!"

논문을 지도해 주신 교수님께서 저의 논문을 지도해 주시는 동안 함께 재미있지 않았느냐고 말씀해 주시니 감사함이 저절로 우러나왔습니다.

'우리'라는 단어는 교수님께서 저에 대해 책임감 있는 지도를 해주셨다는 것뿐만 아니라 저와의 동행이 즐거우셨다는 표현이었습니다. 저의 자아존중감은 더욱 단단히 세워졌습니다. 이런 말씀을 통해 갖게 되는, 제가 존경하는 분과의 정서적인 친밀한 동행은 제 자신을 더욱 소중한 존재로 만들어 주었습니다.

당신은 지금 누구와 동행하고 계십니까?

동행의 기쁨을 나누고 있습니까?

아직 못 나누었다면 왜 그럴까요?

먼저 말해 보십시오.

"나와 동행해 주셔서 고맙습니다!"

아이일 때만 할 것 같았던 '기차놀이'의 줄을 어른이 된 저는 지금도 놓고 있지 않은 것에 감사하고 있습니다. 저와 한 줄 속에 함께 기차 줄을 붙잡고 기차를 움직이며 저와 동행하고 있는 가족들, 동료들, 친구들 모두에게 지금 저는 손가락으로 자랑스럽게 올려 보일 수 있습니다.

'엄지척!'이라고 말입니다.

제3장
포기하지 않는 흉내쟁이

한동안 제가 영등포 소방서 앞에서 일산으로 가는 버스를 탄 적이 있었습니다. 그러던 어느 날 그 정류장 벽에 붙어 있는 의미심장한 문구를 보게 되었습니다.

"포기는 배추 셀 때 쓰는 말!"
"자살의 반대는 살사!"

처음에는 이 문구가 가지는 의미상 아이디어에 탄복을 하며 미소를 지었으나 곧 저는 제 아픈 마음을 쓸어내렸습니다.

'이런 문구가 만들어질 만큼 생명을 포기하는 사람이 많은가……'

사람은 누구나 포기하고 싶은 때가 있습니다.

포기하고 싶은 내용이나 시기와 장소가 다를 수는 있겠지만, 누구나 한 번쯤은 '포기'라는 말을 가슴 속 한 귀퉁이에 넣어 놓은 채 웅크리고 있었던 경험이 있을 것입니다.

2014년 우리나라의 평균 자살률은 OECD 국가들의 평균보다 2배가 높았습니다. 그리고 20대와 30대는 사망의 원인에서 자살이 차지하는 위치가 5위 이상인 것을 찾아 볼 수 있습니다. 그런데, 9년이 지난 2023년에도 우리나라 국민들의 행복 만족도를 조사한 결과, 10점 만점에서 5점 정도밖에 안 될 뿐 아니라, OECD 국가에서 최하위를 기록하고 있으며 그에 따른 자살률도 높다고 하니 정말 아득한 심정입니다.

얼마나 힘이 들면 그 귀한 생명을 내려놓았을까요!

요즘 어떤 이들은 현 시대를 살아가는 세대를 빗대어 'n포 세대'라고 합니다. 이 세대가 포기하는 것이 1가지도, 3가지도, 7가지도 아닌 무한대의 숫자 n가지나 된다는 것입니다. 또한 '이번 생은 망했다'는 의미의 줄임말인 '이생망'이란 말도 유행어로 사용되고 있습니다. 그리고 태어날 때부터 구분이 되어 있는 '금수저를 사용하는' 신분이 있어서 그와 정반대의 신분인 '흙수저'는 아무리 노력해도 '개천에서 용 난다'는 말을 절대로 실현시킬 수 없다는 것입니다. 또한 한창 요즘 사람들의 읽을거리로서 각광받고 있는 웹소설의 내용은 대부분 '회귀, 빙의, 환생'을 중요하게 다루고 있다고 합니다. 이것은 발을 딛고 있는 현 시대에 대한 절망을 그대로 표현하고 있다고 말할 수 있습니다. 한 마디로 이야기 속에서나마 내가 사는 현 시대가 아닌 다른 시대로, 현재의 내가 아닌 다른 인물로 살아가는 것을 동경하고 있는 것입니다. 내가 살고 있는 시간을 나의 시간으로 직면할 수 없다면, 정말 그렇다면 정말 가슴 아픈 세상이라고 말할 수밖에 없습니다. 참 슬픈 현실입니다.

그런데 정말 그럴까요?

최선을 다했을 때 주어지는 선물

저는 한때 박사논문을 준비할 때 심한 안구건조증을 앓게 되어 눈이 굉장히 아팠던 적이 있었습니다. 논문을 쓰려면 기본적으로 깨알 같은 글씨가 적힌 자료들을 많이 보아야 하는데 자료를 볼 수 없을 정도로 눈이 아프고 보이지 않았습니다. 심각할 때는 거의 하루에 3~4시간을 제외하고는 눈을 뜨고 있기가 어려웠습니다. 우선 박사논문은 보류할 수밖에 없었지만 그렇다고 삶을 포기하지는 않았습니다. 박사논문이 삶의 전부는 아니기 때문입니다. 저 스스로 살고자 하는 다른 방법이 없을까 생각할 정도로 눈의 상태가 심각했기 때문에 여러 지인분들의 기대에 부응하지 못한다 할지라도 당장은 중요한 결단을 내려야만 했습니다. 아무렴 저만큼 박사논문을 포기하고 싶지 않은 간절한 마음이 또 어디 있었을까요? 하지만 시력을 잃어서 삶을 더욱 어렵게 만들게 된다면 그것만큼 잘못된 선택은 없다는 생각으로 그 상황에서 제가 할 수 있는 최선의 행동이 무엇일까를 최선을 다해 생각해 보았습니다.

이지 웨이Easy way가 아닌 베스트 웨이Best way가 무엇일까?

상황이 어렵다고 쉬운 방법으로 문제를 해결해 버리려고 하면 안 됩니다. 조금 어려운 방법이라도 내가 해낼 수 있는 만큼 최선의 방법을 찾아야 합니다. 목표에 대하여 성공하지 못하는 것이 실패가 아니라 후회되는 선택을 하는 것이 실패이기 때문입니다. 결정을 하는 과정에 있어서 사람

들이 나를 어떻게 생각할까 하는 다른 사람들의 시선이 중요한 것이 아니라 내가 나를 정확하게 들여다보는 것이 정말 중요합니다. 시간이 걸리더라도 최선을 다해 고민을 한 다음 선택해도 늦지 않다고 생각했습니다.

그런 중 제 마음속에 늘 로망처럼 갖고 있었던 '북카페'에 대한 소망을 떠올리게 되었고, 동시에 박사과정을 하면서 보다 관심을 갖게 되어 연구 중에 있었던 '동화'에 대한 깊은 고민 가운데 '글 쓰는 일'을 해보면 좋겠다는 결론을 내렸습니다. 저는 하루에 3~4시간 동안은 커피 내리는 방법을 배우기 위하여 학원을 다녔습니다. 그리고 '문학과 지성사'라는 출판사 아카데미에서 동화 교실을 수강하며 동화를 썼습니다. 그러한 과정을 통하여 저는 예전 TV 드라마 〈커피 프린스 1호점〉의 주인공이었던 공유 님과 윤은혜 님이 훈련과 자문을 받았던 '커피 MBA 아카데미'에서 7개월간 취미반 선생님도 하게 되었고, 지금은 1인 출판사를 운영하면서 창의·인성 동화 및 글을 쓰는 작가로서 저의 행복한 삶을 개척하고 있습니다.

제 삶의 과도기 시절에 있었던 내용들을 구구절절 나열할 수는 없지만, 중요한 것은 이 과도기 시절에 저의 시간을 채워 주었던 경험들이 헛되지 않고 현재 제 행복한 삶의 요소와 근거가 되고 있다는 것입니다. 그래서 감히 말씀드리고 싶습니다. 어떤 시간에서도, 어떤 장소에서도 성실하게 최선을 다해 임했던 경험은 쓸모없는 것이 없습니다. 또한 더욱 강조하여 말씀드리고 싶은 것은 이전에 어떤 삶을 살았든지, 나의 삶의 중요성에 대한 깨우침이 있는 바로 지금부터 최선을 다해 성실히 행할 때, 반드시 값진 선물이 주어진다는 것입니다. 누구에게나 말입니다.

늦어도 좋아, 포기하지 않는다면

그리스 신화에는 '기회의 신'이 있습니다. 그 신은 머리 앞통수에만 머리카락이 있답니다. 뒤통수에는 머리카락이 없답니다. 그래서 기회의 신이 내 앞에 왔을 때 그 앞 머리채를 잡아채야지 그 신이 가 버리면 잡을 머리가 없기 때문에 그 기회의 신을 잡을 수 없답니다. 기회가 없어지는 것입니다.

보통 사람들은 '기회가 오면 준비를 해야지' 합니다. 그러나 정작 기회가 왔을 때 그것이 기회인 줄 알고 기회를 잡을 수 있는 사람은 평상시에 소망을 갖고 계속 기회를 기다리며 준비를 해왔던 사람입니다. 그 기회라는 것이 어떤 모양으로 어떤 시기에 나타날지는 예측하기 어려우나 준비해 왔던 사람은 그 기회를 잡을 수 있습니다. 그때 나타난 그것이 기회인 것을 알기 때문입니다.

우리나라 사람들의 학구열은 대단합니다. 그래서 이제는 자녀들의 미래를 위하여 자녀들의 유치원에서부터 대학을, 그리고 직장을 준비하는 학부모들도 있다고 합니다. A 유치원을 졸업하고, A 초등학교를 졸업하고, A 중등학교를 졸업하고, A 고등학교를 졸업하여 A 대학교 졸업장으로 A 기업에 입사하는 것을 최고의 목표로 삼는 사람들이 있습니다. 하지만 이 A 코스의 삶이 진정 우리의 행복을 보장하는 이상적인 삶일까요?

인생은 정해진 답이 있지도 않고, 등급이 매겨져 있지도 않습니다.

A 코스만이 정답의 인생이 아닙니다.

가을의 멋진 정취를 이루어 내는 가을 단풍의 색 중에서 어느 색깔이 어느 색깔보다 못하다고 더 낫다고 힐 수 있을까요? 모든 색 중에시 예쁘지 않은 색이 없듯이, 아름답지 않은 인생은 없습니다. 다만 나 자신이 나의 인생을 자랑스럽게 여기지 않는다면 그 어느 누구도 내 인생을 귀하게 여기지 않을 것입니다. 제주도에는 멋스러운 올레길이 있습니다. 그 여러 코스의 올레길 중에서 아름답지 않은 길이 없듯이, 어떤 인생의 길도 가치가 있음을 잊지 마시기 바랍니다.

지금 가는 길에 큰 돌부리가 있습니까? 그럼 그것이 만들어 주는 쉼의 의자에 잠시 앉아 호흡을 가다듬어 봅시다. 혹시 혼자 올라오기 힘든 깊은 웅덩이에 빠져 있습니까? 그럼 섬세하고 견고한 성실의 흙더미로 웅덩이를 채워서 자신의 앞으로의 삶에서 탄탄대로의 멋진 출발점이 되도록 하십시오. 자신이 돌부리와 웅덩이를 바라보는 시각에 따라 그 시간이 결코 헛되지 않을 것입니다.

유치원 교실 현장에서 유아들과 편게임을 하고나면 교사는 유아들의 게임 활동에 대한 평가를 하게 됩니다. 이긴 팀과 진 팀의 점수를 알아 봅니다. 서로 격려하며 박수도 쳐 줍니다. 누가 보든지 게임을 잘 해내어 자신의 팀을 승리로 이끈 아이에 대해서는 칭찬이 가득한 평가가 당연하겠지만, 상대팀보다 늦게 들어와 자신의 팀을 승리로 이끌지 못한 아이에게 그 순간 교사가 해주는 중요한 평가의 말 한 마디는 아이의 인생을 좌우할 수 있습니다.

"순돌이는 늦게 들어왔지만 끝까지 포기하지 않고 열심히 해서 들어와 주었네요. 우리 순돌이에게 박수 쳐 줄까요!"

우등상만큼이나 개근상의 값짐을 우리 아이들에게 가르쳐 줄 수 있을까요? 마라톤처럼 긴 인생의 경주에서 건강한 완주의 기쁨을 누릴 수 있도록 돕는 것은 바로 아이들 옆에서 어떤 상황이라도 끊임없이 격려와 응원으로 아이들의 발걸음을 믿어 주는 아빠와 엄마, 교사의 노력입니다.

소중한 믿음의 노력은 아이의 발걸음을 견고하게 만들 것입니다.

"절대 포기하지 마십시오."

내 발걸음을 포기하지 않을 때, 넘어질 것 같은 아이의 발걸음을 자신감 있게 도와 줄 수 있습니다. 왜냐하면 아이는 아무도 안 보는 데서도 내 발걸음을 흉내 내고 있기 때문입니다.

제4장
흐릿한 잉크의 사랑

"승희야!"

유아교육학과에 입학하고 저에게 충격과 감동을 주었던 것 중 두 번째는 수업 시간에 저의 이름을 다정하게 불러 주셨던 어느 교수님이었습니다. 대학 강의실에서 교수님이 학생에게 성씨를 빼고 이름만, 그것도 다정한 목소리로 불러 준다는 것은 그 이전 생물학과에서 먼저 대학 생활을 경험해 보았던 저에게는 상상도 할 수 없는 사건이었습니다. 더군다나 그 교수님은 저 외에도 모든 학생들의 이름을 퇴직하실 때까지 외우고 계셨고 언제나 그렇게 불러 주셨습니다.

 그것은 저에게 큰 도전이었습니다. 여기서 '도전'이라 함은 기독교인들이 어떤 선한 목표에 대해 다른 대상으로부터 격려와 자극을 받아 자신도 그 목표를 이루고 싶다는 의지를 표명하는 의미로써 기독교인들이 주로 사용하는 표현입니다(앞으로 이 책에서 계속 사용되는 '도전'이란 용어는 모두 이런 의미로 쓰입니다). 즉, 교수님께서 수업 시간에 저의 이름을, 혹은 다른 학생들의 이름을 다정하게 불러 주시는 것을 제가 앞으로 살아갈 삶 속에서 닮고 싶은 행동으로, 그리고 저 또한 미래에 교수가 된다면 해내고 싶은 목표로 삼게 되었다는 것입니다. 학생과 하루 종일 생활을 함께 하는 고등학교도 아닌 대학에서 교수님이 이름을 외우고 불러 준다는 것은 교수자가 어떤 학생에게 특별한 관심이 있거나 학생이 학습자로서 유독 특별한 행동을 했을 때나 가능한 일입니다. 그러나 그 교수님은 학습자인 학생들의 특별한 행동 여부와 관계없이 각각의 학생들에게 특별한 관심을 표현해 주셨습니다. 개별화의 원리에 입각한 유아 교육을 이론뿐만 아니라 몸소 대학 강단에서 실천해 주고 계셨고 그것에 학생들은 각각 개별적으로 영향을 받았습니다.

이름을 불러 준다는 것

영유아 교육에서 매우 중요한 원리 중 하나는 개별화의 원리입니다. 영유아 교육 기관에서의 교육은 아이에게 있어서 집단 교육의 첫 시발입니다. 그러므로 아직 아이들은 발달에 있어서 개인차가 크기 때문에 아이 개개인의 발달 수준에 따라, 기질에 따라 교육에 접근해야 한다는 것입니다. 그것은 아이에 대한 개인적이고 구체적인 관심에서 출발해야 합니다. 그리고 그 관심을 표현하는 가장 기본적인 첫걸음은 이름을 불러 주는 것입니다. 교사와 같이 내게 의미 있는 사람이 내 이름을 기억해 주고 불러 주는 것만큼 아이에게 있어서 행복하고 중요한 일은 없기 때문입니다. 자아존중감이 높아지는 순간입니다.

　교수님께서 제 이름을 불러 주신 경험은 제가 만약 강단에 서게 되었을 경우 '나도 해야겠다!'라는 각오를 하게 되는 계기가 되었습니다. 그리고 곧 저는 감사하게도 그 계기에 대한 열매를 얻게 되는 기회를 맞이하게 되었습니다. 백석문화대학교에 조교수로서 재직하게 된 어느 날, 선임 교수님께서 학생들의 지식 함양 지도뿐만 아니라 학생들의 자아존중감이 매우 중요하다는 말씀을 해주셨습니다. 그에 따라 저는 수업을 준비하면서 제가 가장 먼저 해야 할 교수자로서의 과제가 제가 담당했던 학생들의 이름을 모두 외우고 불러 주며 각 학생들과 교감하는 것임을 확신했습니다.

　매 학기 150명 정도의 학생들의 이름을 개인적 상담을 하지 않고 매주 세 시간의 수업만으로 외우기란 그리 쉬운 일이 아니었습니다. 참 재미나면서도 부끄러운 사실은 제 나이가 적지 않다 보니, 대학생들의 모습이 아주 독특하지 않은 한 모두 다 비슷비슷해 보인다는 것입니다. 그래서 갖은 노력을 다했습니다. 대부분은 질문을 하는 것이었지만, 결론적으로 제가 확신하는 것은 이름을 불러 주었을 때, 정말 사랑하고 알고 싶은 마음으로 이름을 불러 주었을 때, 그들의 보다 나은 발전을 위하는 진정한 저의 마음이 전달될 수 있다는 것입니다.

　노력하지 않고 되는 일은 하나도 없습니다. 마음을 얻는 일도 마찬가지입니다. 학생들이 교수의 마음을 얻으려고 노력해야지 무슨 교수가 학생의 마음을 얻고자 노력하느냐고 말씀하시는 분이 있을지도 모르겠습니다. 하지만 분명한 것은 교수는 교사의 또 다른 이름이고 교사의 임무는

사람을 바르게 세우는 일입니다. 학습자의 마음을 얻지 못하고 코뚜레를 끼워 엉덩이에 채찍질을 하며 앞으로 가게 할 수는 없습니다. 학습자와 진정한 소통을 위한 노력이 있지 않는 한 그들의 마음을 얻을 수 없고 그들 스스로 자신의 삶에 대한 책임감 있는 실천을 할 수 있도록 도울 수 없습니다.

물론 아이들에 대한 이러한 노력은 학교에서만 이루어져서는 안 됩니다. 사회의 가장 작은 단위인 가정과 학교가 연계되지 않고는 아이를 이 사회에 바람직한 사람으로 세울 수 없습니다. 아니, 아이가 이 사회에 바람직한 사람으로 세워지기 전에 더 중요한 것은 그 아이가 가정에서부터 그리고 학교에까지 이르러 자신이 얼마나 존중받아야 할 사람인가에 대해 가치롭게 여기고 있는가입니다. 아이가 자신이 사랑하는 부모님으로부터 그리고 자신이 존경하는 선생님으로부터 갖게 되는 신뢰있는 소통의 작업들을 통하여 자신이 정말 존중받을 만한 사람이라고 확신하는 것이 무엇보다도 중요합니다.

이름을 신뢰를 갖고 불러 주는 것은 그 사람을 마음속에 기억하고 있다는 중요한 표현입니다. 그것은 한 송이의 꽃이 따뜻한 햇빛을 받듯이, 시원한 물을 얻듯이, 그리고 깨끗한 공기를 마시듯이, 아이에게는 견고한 성장을 위하여 자신의 역량을 발휘할 수 있는 밑거름이 될 수 있습니다. 이름을 불러 준다는 것은, 이름이라는 방편을 통해 누군가를 기억한다는 것은, 그 사람에 대하여 '사랑한다'는 또 다른 표현일 수 있기 때문입니다. 우리는 내게 중요한 사람이 있으면 마음속에 그 사람의 이름을 포함하여 기억하는 것들이 있습니다. 그 사람이 어떤 음식을 좋아하는지, 어떤 색깔을 좋아하는지, 어떤 음악을 좋아하는지, 어떤 행동을 싫어하는지 기억하고자 합니다. 그래서 그 사람에게 특별한 날이 있어 어떤 선물을 하고자 하면 그 사람에 대한 그 모든 기억 속의 조건들을 조합하여 가장 적절한 선물을 마련하고자 노력합니다. 선물을 고르는 내내 우리는 그 사람에 대하여 생각합니다. 그래서 선물 고르는 것이 쉽지 않은 노력이고 그렇게 해서 준비한 선물을 받은 사람은 참 행복합니다.

기억한다는 것은 곧 사랑한다는 것

〈내 머릿속의 지우개〉라는 영화가 있습니다. 알츠하이머병을 앓는 여주인공이 점점 자기 주변의 사랑하는 사람들에 대한 기억을 잃어버리는 아주 가슴 아픈 영화입니다. 누군가에 대해 기억을 하는 것은, 사랑 정도의 여부에 따라 매우 쉬운 작업일 수도 있고, 매우 어려운 작업일 수도 있습니다. 하지만 누군가에 대해 기억을 하지 못한다는 것은 쉽고 어렵고의 여부가 아니라 아픔입니다. 정말 살을 저미는 아픔이 아닐 수 없습니다. 어쩌면 기억을 못한다는 것은 사랑을 할 수 없다는 말과도 상통할 수 있기 때문입니다. 아직 경증이기는 하나, 역시 알츠하이머병을 앓고 있는 저의 90세 노모가 가장 좋아하는 말이 "사랑해!" 하는 말이라는 것은 참 아이러니하고도 가슴 아픈 일이 아닐 수 없습니다.

재미있는 사실은 매 학기 첫 시간마다 불가능할 것 같은 학생들의 이름 외우기는 학기를 마무리하는 즈음이 되면 저 자신의 자아존중감을 높여 주는 활동이 되었습니다. 학생들의 이름을 친밀하게 부르며 눈맞춤을 하고 대화를 나누는 중에 학생들이 어느새 자신에 대해 소중히 여기는 마음이 자라나 있다는 것을 알게 됩니다. 그리고 표면적으로는 저와 함께 수업을 했던 과목뿐만 아니라 자신의 전체 성적에서도 자신을 소홀히 여기지 않는다는 것을 표현해 줍니다.

사랑이 사람뿐만 아니라 모든 생물체를 변화시키는 놀라운 힘이 있다는 것은 누구나 알고 있습니다. 반려 식물에게 잊지 않고 물을 주고 햇빛을 보게 해주는 노력이, 혹은 반려 동물에게 좋아하는 먹이를 주고 좋아하는 반응을 해주는 표현이 기억을 통한 사랑이라는 것입니다. "내가 너를 얼마나 사랑하는 줄 아니!" 하고 말입니다.

기억으로 사랑하는 것, 역시 사람을 세워 주는 특별한 방법입니다.

"당신을 기억합니다."

그런데 머릿속에 기억하는 것보다 마음속에 기억하는 것이 더 중요합니다. 마음에 기억되지 않는 사람은 아무리 머릿속에서 떠올려 주어도 소용이 없기 때문입니다. 머리가 아니라 마음속에 기억하기 위해서는 중요한 작업이 있습니다. 기록입니다.

그런 말이 있습니다.

"탁월한 기억력보다 흐릿한 잉크가 더 정확하다."

정보량이 그리 많지 않았던 과거의 어느 때는 머리로도 얼마든지 정보를 기억하는 것이 가능해 보였고 또 그것이 유능함의 표상이었습니다. 하지만 유달리 암기를 잘하는 천재 아무개가 아닌 이상 요즘은 '무엇 what'이라는 정보 자체를 기억하기보다 정보가 어디 있는지를 아는 '어디에where' 에 대한 인식이 중요합니다. 당연하게도 내가 기억하고자 하는 사람에 대한 정보를 '어느 곳에' 잘 간직하는 것도 중요할 것입니다. 혹사는 내 자신에 대한 일기도 안 쓰는 데 무슨 다른 사람의 기록을 하느냐고 할 수도 있겠으나 기억하는 것, 더욱 잘 기억하기 위해 기록하는 것은 사랑에 대한 매우 중요한 표현입니다.

  우리 아이는 언제 나에게 "사랑해!"라고 말했지…….

  나는 언제 처음 우리 아이에게 "사랑해!"라고 말해 보았을까…….

  아이와의 사랑이 조금씩 더 깊어질 때마다 당신의 마음속에서 이 질문이 끊임없이 꿈틀댈 것입니다.

제5장
두 슈퍼맨이 기대하는 것

아이들이 가상 놀이를 할 수 있는 연령이 되면 보통 찾는 물건이 하나 있습니다.

빨간 보자기입니다. 빨간 보자기를 목에 두르고 날고자 하는 열정을 뿜어 낼 수 있는 높은 곳이 있다면 언제든지 감행하는 슈퍼맨 놀이는 아이들에게는 중요한 과업 그 자체입니다.

우리 아이들에게 영원한 영웅인 슈퍼맨에 대한 열정은 세대를 아무리 거쳐도 그칠 줄 모르는 듯합니다. 그래서 〈슈퍼맨〉 영화 원작에서의 주연 배우가 바뀌어 가면서까지 슈퍼맨 영화는 업데이트 되고 그 외에도 배트맨, 스파이더맨 등 다른 영웅들이 등장하는 히어로hero 영화들이 연이어 우리 아이들 곁에 찾아오고 있습니다. 왜 아이들은 이런 히어로 영화들 속의 영웅들을 좋아할까요?

제가 기억하기로 〈스파이더맨〉 시리즈 중 한 편에 이런 대사가 있었습니다.

"아이들에게는 영웅이 필요해요!"

아이들은 '무적 영웅'이라는 역할 모델을 통해서 세상에서 일어나는 모든 각종 문제들을 해결하는 데 필요한 절대적 가치의 중요성을 배웁니다. 그 영웅들을 좋아하면서 그 영웅들이 가지고 있는 판단 기준들과 행동들을 따라하게 되는 것입니다. 그럼으로써 힘이 센 영웅들이 보여 주는 정직하고 공정하고 친절하고 책임감 있고 정의로운 모습들을 자연스럽게 동경하게 됩니다.

해야 하는 것, 하고 싶은 것

해야 하는 것이 아니라 하고 싶은 것을 하는 것. 이것은 교육적 측면에서 매우 중요한 문제입니다. 특별히 인성 교육은 더욱 그렇습니다.

누구에게나 교육을 받는 것은 권리이며 의무이기에 해야 하는 것이기도 하지만, 교육을 받고자 하는 자의 소망보다 타인의 강요가 더 감행된다면 교육의 효과는 50%에도 못 미칠 것이기 때문입니다. 하지만 교육을 받는 것이 하고 싶은 것이라면 문제는 달라집니다. 실제적 '변화'를 궁극적 목적으로 삼는 교육에서처럼, 인성 교육에서도 실천적 친사회적 행동 및 가치관 형성 등의 발현을 추구합니다. 돕기, 나누기, 배려, 공정, 정직, 용기, 인내 등 이런 인성 덕목들에 대해 어떤 영유아 교육 기관에서는 인성 교육이랍시고 인성 덕목들 각각의 개념을 정의하여 아이들에게 암기를 요구하기도 합니다. 왜냐하면 아이들은 인성 덕목들의 정의도 모르기 때문입니다. 이것은 당연합니다. 인성 덕목들의 정의는 너무 어렵기 때문입니다. 그런데 참 이상한 점이 있습니다. 정의를 잘 아는 어른들보다 정의도 잘 모르는 아이들은 그 어려운 인성 덕목들을 척척 멋지게 수행해 내는 영웅들을 정말 열렬히 흠모한다는 것입니다. 그리고 더욱 잘 따라합니다. 다른 사람을 돕는 영웅들이 그냥 좋은 것이고 마냥 따라하고 싶은 것입니다.

또 다른 슈퍼맨 시리즈의 한 편에서는 두 명의 다른 인성을 가진 슈퍼맨들의 싸움에 대해 다룬 것을 볼 수 있습니다. 물론 영화 속의 두 명의 슈퍼맨은 원래의 슈퍼맨 속에서 공존하나 선한 것과 악한 것 사이에서 갈등하는 두 마음을 시각화한 것입니다. 나쁜 마음의 슈퍼맨은 사람들에게 나쁜 행동을 해서 원래 슈퍼맨에 대한 사람들의 기존 믿음을 깨뜨리려고 합니다. 하지만 결국 그 슈퍼맨이 가진 두 마음의 갈등에서 좋은 마음을 가진 슈퍼맨이 나쁜 마음을 가진 슈퍼맨을 이기게 됩니다. 여기서 좋은 마음의 슈퍼맨이 나쁜 마음의 슈퍼맨을 이기는 힘을 묘사하는 장면에 우리는 주목할 필요가 있습니다. 나쁜 마음과 힘겹게 싸우는 좋은 마음의 슈퍼맨에게 아이들의 간절하고 확신에 찬 목소리가 들린 것입니다.

"슈퍼맨은 나쁜 사람이 아니에요. 슈퍼맨! 난 슈퍼맨을 믿어요!"

슈퍼맨을 향한 아이들의 믿음은 슈퍼맨의 좋은 마음에 큰 힘을 주게 됩니다.

믿음의 힘

믿어 주는 것, 그것은 힘이 됩니다. 아이들의 믿음으로 힘을 얻은 슈퍼맨

은 원래의 모습을 회복하여 다시 영원한 무적의 선한 영웅으로서의 자리로 돌아옵니다.

어떤 공동체에서 또는 어떤 관계에서 어떤 사람에게 믿음을 준다는 것은 특별한 '책임'을 부여하는 것과도 같습니다. 책임을 맡는다는 것은 때로는 짐burden이 되기도 하지만 또 한편으로는 슈퍼맨과 같이 힘energy이 되기도 합니다. 그래서 어떤 때는 본래 가지고 있었던 능력 이상의 힘을 발휘하기도 합니다. 내가 아무리 처참한 모습의 상황이라 할지라도 지구상에서 단 한 사람이라도 나를 믿어 주는 사람이 있다면 그 사람은 절대로 실패하지 않을 것입니다. 그렇다면 믿어 주는 사람이 누구여야 할까요?

사랑하는 사람입니다. 보다 구체적으로 말한다면 아이들일 경우 부모님이고, 교사, 그리고 친구일 수 있습니다. 사랑하는 사람들을 그냥 나열한 듯 보이지만, 모두 각각 아이들에게는 중요하고 의미 있는 사람들이라는 것을 간과해서는 안됩니다.

'기대감'에 대한 재미있는 실험이 있습니다. A 집단과 B 집단이 있었습니다. A 집단은 본래 낮은 학업 성취도를 가진 학습자들로 구성되어 있고, B 집단은 본래 높은 학업 성취도를 가진 학습자들로 구성되어 있다고 합니다. 그런데 A 집단이 낮은 학업 성취도를 갖고 있음에도 불구하고 그 집단을 담당한 리더가 일정한 기간 동안 지속적으로 A 집단에 대해 높은 기대감을 표현하였고, B 집단은 높은 학업 성취도를 갖고 있음에도 불구하고 그 집단을 담당한 리더가 B 집단에 대해 낮은 기대감을 일정한 기간 동안 지속적으로 표현하였다고 합니다. 그리고 그 일정 기간이 지난 후 학업 성취도 검사를 하였더니 리더가 높은 기대감을 표현했던 A 집단이, 리더가 낮은 기대감을 표현했던 B 집단보다 평가결과가 높게 나타난 것을 볼 수 있었습니다. 즉, 기대감이 학업성취도에 변화를 이끌어 낸 것입니다.

자아존중감을 높여 주는 말

저는 어떤 학기에 특별한 반을 담당하여 지도하게 되었습니다. 담당하기 전부터 다른 교수님들의 우려와 염려가 제 귀에 들려왔습니다. 어떤 교수님은 그 반 학생들이 무섭다고까지 표현하기도 했습니다. 첫 시간에 인사를 하러 들어가는 제 마음이 비장했습니다. 하지만 첫 시간을 지낸 저는 그 반 학생들이 다른 반과 별반 다르지 않을 것이라 생각할 수 있었습니다. 그리고 기대했습니다. 그리고 말했습니다.

"난 너희들이 참 좋다. 너희들 안에서 귀한 열정을 보았거든. 그 열정으로 좋은 유아 교사로 잘 준비되기를 바란다."

그 반 학생들은 1차 직무능력평가(중간고사)며 모의 수업 등을 열심히 최선을 다해 준비했습니다. 모의 수업 시 토의 시간을 많이 갖는 저의 수업 시간에도 적극적으로 자신의 의견을 발표해 주며 참여해 주었습니다. 그리고 기대한 대로 그 학기에 좋은 결과를 보여 줌으로써 그 특별한 반은 제게 정말 '특별한 반'이 되었습니다. 그들을 향한 제 진정한 믿음을 수용해 준 그 '특별한 반'의 학생들이 고맙고 대견하고 예뻤습니다.

제게 참 많은 영향을 주신 모 교수님께서 교육개혁위원회 위원으로 일하실 때, 저는 학과의 행정을 총괄하는 학과 조교를 하고 있었습니다. 그

때 그 교수님께서 정말 막대한 양의 업무를 담당하고 계셨음에도 무슨 연고이신지 교수님 연구실 조교를 선임하지 않으셨습니다. 그리고는 제게 당신의 연구실도 돌보아 주기를 부탁하셨습니다.

"승희야, 난 네가 해주는 게 참 좋다. 내 방의 컴퓨터는 너만 만지거라."

교수님의 이 말씀이 단지 저의 수고가 필요하시기 때문에 하신 것일 수도 있지만, 중요한 것은 제 어깨가 들썩하리만큼 참으로 자아존중감이 높아졌다는 것입니다. 늘 존경함으로 제게 의미있었던 분이 저를 믿어 주고 책임을 맡겨 주신 것이 얼마나 신이 났는지 모릅니다. 학과 조교로서 저에게도 많은 분량의 업무가 주어졌지만 그건 별로 문제가 되지 않았습니다. 그야말로 제게 허락된 의미있는 분에 의한 믿음의 말 한 마디로 제가 슈퍼우먼이 되는 순간이었습니다.

그 교수님은 중앙대학교에서 부모 교육 강의로 유명합니다. 그래서 타학과 학생들도 수강하여 듣곤 했습니다. 그분의 저서 중 한 양육서에서 저는 또 믿음의 중요성을 발견했습니다. 그 교수님은 세 명의 따님을 자녀로 두셨습니다. 어느 날 그 따님들 중 한 분이 교수님께 이렇게 말했답니다.

"엄마, 난 엄마 딸이어서 정말 행복해요!"

교수님은 그 말을 들었을 때 그 어떤 대통령상보다 큰 상을 얻은 기분이셨다고 하셨습니다. 딸이 인정해 주는 엄마가 된다는 것, 아들이 자랑스러워해 주는 아빠가 된다는 것, 자신이 사랑하는 이에게 믿음의 대상이 된다는 것만큼 행복한 일은 없을 것입니다. 그렇다면 학생들이 존경하고 사랑하며 믿어 주는 교사가 된다는 것도 정말 행복하고 멋진 일일 것입니다.

단 한 명이라도 나를 통해 힘을 얻었고 배움을 얻었고 변화가 되었다는 고백을 듣게 되었을 때의 기쁨과 보람은 교사로서 갖는 저의 자부심을 한껏 높여 줄 뿐만 아니라 더 잘해야겠다는 겸손의 허리띠를 매게 합니다.

빨간 보자기를 벗은 진정한 어른

교실에서 교사가 교사다울 수 있다는 것은 결코 교사 혼자의 노력이 아닐 것입니다. 가정에서 아빠가 아빠다울 수 있다는 것은 결코 아빠 혼자의 노력이 아닐 것입니다. 가정에서 엄마의 노력도 동일할 것입니다.

우리 각 사람이 아이와 믿음의 교감이 이루어질 때 우리는 서로를 세워주는 이상적인 교육의 장場을 만들어 갈 것입니다.

"당신을 믿습니다"

이 말 한 마디가 태산을 옮길 수도 있습니다. 또한, 그 반대의 말은 아이의 생명을 앗아갈 수도 있습니다. 생명과 맞먹을 정도로 큰 삶의 동력을 잃어버릴 수 있다는 말입니다. 그래서 우리는 아이에게 함부로 능력의 부재나, 외모의 열등 등에 관한 말을 해서는 안 됩니다. 다 아시다시피 인생의 열쇠는 사람마다 다 다르게 쥐고 있습니다. 중요한 것은 그 열쇠의 가치를 내가 얼마의 값어치로 매기고 있느냐 하는 것입니다.

우리는 성실을 돈으로 환산할 수 있나요? 정직에 대한 가치로서 얼마를 내놓을 수 있을까요? 내가 갖고 있는, 그리고 내 아이가 갖고 있는 인생의 열쇠의 값어치는 그것과도 같습니다. 값을 정할 수 없을 만큼 막대한 것입니다. 그리고 신기한 것은 그 가치는 내가 성실하게 믿고 정직하게 기대해 주는 것만큼 커진다는 것입니다. 우리 아이들에게는 슈퍼맨의 두 마음이 없을까요? 당신에게 있는 두 마음은 항상 무엇 때문에 어느 쪽 마음이 이기고 있나요? 당신이 나쁜 마음을 이겨내 줄 때, 당신이 당신을 믿을 때, 당신은 우리 아이들을 믿을 수 있게 됩니다.

그때, 그 기대함으로 우리 아이들은 빨간 보자기를 벗고도 진정한 어른이 될 것입니다.

제6장
마음속에 접어 놓은 예쁜 색종이

2023년 지구촌 사람들의 마음을 하나로 모으고 집중시켰던 가장 큰 사건 중의 하나는 인공지능을 활용한 챗 GPTChat GPT의 등장입니다. 미국 기업 오픈 AI가 개발한 '글쓰기 인공지능'이라고 밝히고 있는 이 챗 GPT는 30여 년 전 인터넷이 전 세상을 뒤바꿨던 것 만큼 우리 사회에 큰 변화를 야기할 것이라고 전망되고 있습니다.

몇 년 전 우리는 깜짝 놀랄 만한 대결을 목격했습니다. 이세돌 9단과 인공지능AI 알파고의 격돌이었습니다. 그런데 그것은 또한 2023년 챗 GPT 출현을 예측하게 했던 것인지도 모릅니다. 이 사건은 우리에게 그동안 일부 전문 집단으로 인정된 사람들에게만 노출되어 온 몇 가지 용어들에 익숙하게 되는 계기를 마련해 주었습니다.

그 하나는 제4차 산업혁명과 인공지능입니다. 제4차 산업혁명Fourth Industrial Revolution은 디지털 세계, 생물학적 영역, 물리적 영역 간 경계가 허물어지는 '기술융합' 시스템인 사이버 물리 시스템Cyber-physical system에 의해 로봇, 의료기기, 산업장비 등 현실 속 제품을 뜻하는 물리적인 세계 Physical system와 인터넷 가상공간을 의미하는 사이버 세계Cyber system가 하나의 연결망으로 연합되어 대규모의 데이터 분석과 활용, 사물의 자동 제어를 가능케 하는 산업혁명입니다. 1784년 증기기관의 발명과 기계화에 의한 영국의 제1차 산업혁명, 1870년 전기 에너지원의 등장과 대량생산에 의한 미국의 제2차 산업혁명, 1969년 반도체 이용과 자동화 시대를 연 제3차 산업혁명에 이어 인공지능AI의 발전으로 도래한 제4차 산업혁명은 우리의 미래 사회가 결코 핑크빛만은 아니라는 것을 예감하게 합니다. 알파고와의 바둑 격돌에서 패배한 이세돌 9단을 지켜본 사람들은 여러 가지 생각을 앞다투어 하게 되었습니다. 그중 가장 큰 이슈는 미래 사회에서의 직업입니다. 한 신문 기사는 전 세계 7세 아이들의 65%가 지금은 존재하지 않는 직업을 가질 것이라고 예측하고 있습니다. 컴퓨터로 대체될 고위험 직업으로 세무사, 관세사, 경기심판, 치과 기공사, 신용추심원, 회계사, 택배원을 들고 있고, 컴퓨터에 대체될 저위험 직업으로 의사, 초등학교 교사, 성직자, 간호사, 정보시스템 설계 및 분석가, 사회복지사, 데이터베이스 개발자를 들고 있습니다.

AI와 인간이 다른 점

이러한 직업 생존 여부에 대한 기준은 어디에 있을까요? 좀 생뚱맞은 이야기일지 모르지만 우리가 어렸을 적 우리를 동심의 세계로 안내했던 동화

《오즈의 마법사》를 기억해 봅시다. 거기에 나오는 등장인물 중 깡통로봇 나무꾼이 있습니다. 그 동화에 나오는 등장인물들이 갖고 싶었던 많은 소원들 중 특히, 깡통로봇 나무꾼의 소원은 뜨거운 열정이었습니다. 컴퓨터나 로봇은 열정으로 일하지 않습니다. 통계로 일합니다. 이세돌 9단과 바둑 대결에서 승리한 알파고도 가장 승리 확률이 높은 가치를 좇아가는 가치망value network이라는 운영체계를 통한 통계 분석을 하였습니다. 그런데 그 깡통로봇 나무꾼은 왜 그토록 뜨거운 열정을 갖고 싶어 했을까요?

제가 참 존경하는 동화·동시작가 박정완 선생님은 언젠가 제게 이런 말씀을 하신 적이 있습니다.

"사람은 통계로 사는 것이 아니라 신념과 열정으로 사는 거랍니다!"

저 사람이 저렇게 하니까, 통계적으로 다 그렇게 사니까, 나도 그렇게 산다면 우리는 생명은 있지만 기계와 다름이 없지 않을까요? 그래서《오즈의 마법사》에 나오는 깡통로봇 나무꾼은 '열정'을 그렇게나 뜨겁게 찾아 다녔나 봅니다. 누군가의 명령에 의해 움직이는 기계가 아니라, 자신이 옳다고 판단되는 것이라면 자신의 열정과 신념, 그리고 의지로 행동할 수 있는 존재이고 싶었던 것입니다. 이러한 뜨거운 열정이 과연 동화 속의 깡통로봇 나무꾼에게만 필요한 것일까요?

특별히 누군가에게 배움을 줄 수 있는 사람으로서 '교사'를 대표적인 예로 들어 볼 수 있겠습니다. 교사는 열정이라는 자질이 매우 필요한 사람입니다. 그렇다면 교사가 가지는 열정은 어떻게 생겨나는 것일까요? 저의 이 질문에 우문愚問이라고 실소失笑하고 계신 분도 있을 것입니다. 왜냐하면 너무나 당연한 정답을 갖고 있는 질문이기 때문입니다. 맞습니다. 사랑입니다. 학습자에 대한, 학습자가 잘 세워지기를 바라는 마음입니다. 그런데 문제는 아무리 학습자에 대한 이런 사랑의 열정을 갖고 있다고 할지라도 학습자에게 표현되지 않으면 학습자는 교사가 갖고 있는 사랑의 열정을 느끼지 못합니다. 그것은 곧 교사가 학습자에게 수행한 교육의 효과가 나타나지 않는다는 말과도 같을 수 있습니다. 이 학습자를 우리 아이들이라고 생각해 봅시다.

공감에서 오는 사랑과 열정

그럼 교사는 아이에 대한 사랑의 열정을 어떻게 표현할 수 있을까요? 수업을 잘 준비하여 수행하는 것, 그것은 기본일 것입니다. 그런데 그건 인공지능도 할 수 있습니다. 그런데 미래 사회에서 인공지능이 할 수 없는 직업을 교사라고 지적하는 이유는 무엇일까요? 분명 사람을 세우는 진정한 교사는 수업 내용만을 잘 준비하여 잘 가르치는 것 이상의 무엇이 있다는 말입니다. 무엇일까요?

공감입니다.

함께 느껴 주는 것, 아이의 입장을 고려해 주는 것, 아이의 상황과 수준에 따라 교육의 방법과 접근을 달리하는 것, 그리고 무엇보다도 선행되어져야 할 것은 교육을 하는 교사라는 직업으로 아이들을 만났지만 아이들에 대한 정서적 지지만큼 중요한 것이 없다는 것을 교사는, 그리고 아이들에게 배움을 주는 모든 이들은 잊어서는 안 된다는 것입니다.

즉, 다시 말해서 제4차 산업혁명으로부터 인간의 존엄이 지켜질 수 있는 인간의 능력은 공감입니다. 이 공감은 여러 방식으로 표현될 수 있지만 가장 기본적인 방식은 '말'입니다. 하지만 그 말에 진정한 마음을 담지 않고는 그 말은 힘을 갖지 못할 것입니다. 진정한 마음을 담은 공감의 말은 마음을 표현하는 의사소통의 가장 효과적인 수단일 뿐만 아니라 서로의 마음을 자라나게 하는 햇빛과 같은 말입니다.

그럼, 공감하는 말은 어떻게 해야 할까요?

저는 예전 박사과정 시험을 준비하면서 중앙대학교 사범대학 부속 유치원에서 부담임 교사로 근무하였습니다. 어느 날 한 남자아이가 아파서 오랫동안 결석을 하다가 유치원에 왔습니다. 그런데 간식 시간에 그 남자아이와 한 책상에서 간식을 먹었던 한 여자아이의 말을 저는 잊을 수 없습니다. 그 여자아이는 이렇게 말을 했습니다.

"내가 너를 얼마나 보고 싶어 했는 줄 아니!"

4세 아이가 자신의 마음을 전하는 이 예쁜 말에 저는 감동하지 않을 수 없었습니다. 이 말을 하고자 열심히 단어를 골랐을 이 여자아이도, 이 가슴 뭉클한 말을 들은 남자아이도 얼마나 마음이 자랐을지는 상상할 수 없습니다. 친구가 얼마나 아플까 하는 애처러움을 마음속에 예쁜 색종이처럼 접어 놓았다가 보고 싶었던 기다림을 표현할 줄도 아는 이 어여쁜 여자아이의 말에 전 정말 저에게 선생님이 따로 없구나 하는 마음속 고백을 하고야 말았습니다.

공감에 감사의 마음을 표현하세요

내가 누군가의 마음을 안다고, 이해한다고 말하는 것은 상당한 용기가 필요한 것입니다. 거짓으로 할 수도 없는 말이며 누군가의 특별한 경험에 대하여 내가 동일한 경험을 하여 동일한 느낌과 생각을 갖고 있다고 말하는 것은 그 사람의 경험에 자칫 내가 감정이나 생각의 월권을 할 수 있습니다. 왜냐하면 세상의 어느 누구도 동일하지 않고 서로 다른 인생을 살기 때문에 완전한 이해를 하기는 어렵기 때문입니다. 그래서 우리는 '이해한다'는 말보다 '힘들겠구나!' 또는 '기쁘지! 나도 기뻐!'라는 공감의 말을 적절히 사용하는 것이 필요합니다.

그렇더라도 누구나 내 사정과 마음을 누군가가 이해해 주기를 바랍니다. 하지만 앞서 말한 바와 같이 타인의 사정과 마음을 이해한다는 것은 어려운 일이므로 상대방에게 나를 이해해 주기를 요구할 수도 없고, 상대방이 나를 정확하게 이해하지 못한다고 비난할 수도 없습니다. 그렇기 때문에 누군가 나를 이해한다고 말한다면 '거짓말'이라고 폄훼하거나 '위선'이라고 비난하기보다는 타인을 이해하는 일이 어려운 일임에도 기꺼이 이해하고자 노력한 상대방의 마음에 감사를 표현해야 합니다. 고마운 겁니다. 내가 요구할 수 없는 것을 힘든 것임에도 이해하여 말해 주었다면, 우리는 정말 고마운 마음을 표현해야 합니다. 그러면 내 마음을 알아주어 정말 고마운 말을 해 준 사람도 나와 더불어 더욱 견고하게 세워집니다.

"내 마음을 알아주어 고맙습니다!"

공감에 감사함을 표하는 이 말, 하기도 쉽지 않고 안 하기는 더 어렵습니다. 하지만 우리는 연습이라도 해야 합니다. 꼭 아나운서와 같은 직업적 필요가 아니더라도 말도 잘 하려면 연습이 필요합니다.

'~답게' 말하는 연습이 필요해요

생물학과 1학년 때의 일입니다. 저의 동기생들은 우리가 생물학과이니 각자 '생물 별명'을 하나씩 짓자고 했습니다. 저희들은 자신의 특징적인 캐릭터에 따라 갖가지 별명들로 지어 보았는데, 저 역시도 생물 이름으로 별명을 지었습니다. 그 별명인즉, '말미잘'이었습니다. 머리 부분에 가느다란 촉수들이 하늘거리는 이 강장동물로 저의 별명을 지은 데에는 이유가 있었습니다.

첫째, 저의 외형적 머리 모양이었습니다. 저는 고등학교때부터 단발머리를 하고 있다가 대학 입학을 앞두고 파마를 했는데 그것이 말미잘의 촉수와 같다는 것입니다.

둘째, 저의 말 사용법 때문이었습니다. 저는 그 당시 말수가 적은 편이었는데 공동 모임을 할 때 어쩌다 말 한마디를 꺼내면 전체 분위기가 싸늘하게 식는 것입니다. 저는 그 모임의 화제에 대하여 사실, 즉 팩트fact를 말한 것뿐인데 그 말이, 그 팩트가 어떤 사람의 가슴 정중앙을 퍽 하고 비수처럼 찌른 것입니다. 전 요즘 그렇게 중요시들 말하는 사실, 팩트를 말한 것뿐인데 말입니다.

그러한 문제에 대하여 인식을 하게 된 저는 심각한 고민을 하게 되었습니다. 특히, 그 당시 저는 그리스도인으로서의 정체성을 고민하고 있던 터라 저는 '말 연습'을 하기로 결심을 했습니다.

저는 조금 늦더라도 말하기 전에 한 번 더 해야 할 말을 문장으로 먼저 머릿속에 써 보았습니다. 그리고 읽어 보았습니다. 의미 전달이 잘 안 된다 싶을 때는 조사도 바꾸어 보고 문장부호도 다시 넣어 보고 문장 형태도 다르게 바꾸어 보았습니다. 말하기 전 순식간에 해야 할 일입니다. 말할 때를 놓치는 것도 상대방에 대한 예의가 아니기 때문입니다.

이런 '말 연습'을 근 6년 동안을 했습니다. 그러던 어느 날 교회 모임에서 어떤 직임을 맡고 있었던 저는 저를 소개하는 시간에 이런 사연과 더불어 '말미잘'이란 저의 별명을 공개했습니다. 그랬더니, 제 이야기를 듣고 계셨던 목사님께서 제 별명을 풀어 주시겠다며 다음과 같이 말씀하셨습니다.

'말'을 '아름답게(미, 美)' '잘'하는 자매, 말미잘!

얼마나 가슴 벅찼는지, 아직도 그때의 감정이 고스란히 남아 있습니다. 그 이후로 저는 '말미잘'이라는 이 별명이 이토록 좋을 수가 없습니다.

제가 이 '말 연습', '말 훈련'을 이토록 강조하는 데는 이유가 있습니다. 요즘 학교 현장은 그야말로 싸움의 현장입니다. 서로 '권리'만을 내세우며 정작 그 권리에 적합한 '자격'을 갖춘 말과 행동을 하는 교사도, 학생도, 학부모도 없다는 것입니다.

'~답다'는 것은 참 어려운 것이지만, 반드시 학교 현장에서는 '교사다워야' 하고, '학생다워야' 하고, '학부모다워야' 합니다. 그런데 '~답게' 말하는 사람이 없습니다. 서로 자기 말만 하려고 하지 공감하려고 '말'하지 않습니다. 말은 마음을 표현하는 것이지만 태도와 행동으로 표현됩니다.

우리는 싸움을 배우려고 학교를 다니는 것이 아닙니다. 아니, 배운다면 공정한 싸움을 어떻게 하느냐를 배워야 겠습니다. 그러려면 '말 연습'을 해야 합니다.

갈등의 고리를 푸는 공감의 말

말은 하루아침에 다듬어지지 않습니다. 그 가정의 관습이며 문화라고 할 수 있기 때문입니다. 언젠가 TV에서 유명강사 김창옥 님께서 좋은 배우자는 '예쁜 말 하는 사람'이라고 말씀하셨던 적이 있었습니다. 그래서 좋은 배우자를 찾으려면 말을 예쁘게 하는 사람을 찾으라고 했습니다. 그만큼, 배우자 찾기의 기준이 될 만큼 '말'은 매우 중요하다는 것입니다. 말이 가정의 문화이며 관습이라는 의미는 역으로 말하자면, 내가 말을 잘 못하면 '집안 망신', '부모님 망신'을 시키는 것과도 같다는 이야기입니다. 또한 아무리 멋지고 아름다운 배우자와 결혼을 해도 '갈등'이 빚어지면 그것을 풀어 내는 역할은 '말'입니다. 천냥 빚을 갚는 말 한 마디의 중요성은 아무리 강조해도 부족하지 않습니다.

부부간의 다툼처럼 대부분의 '갈등'은 말을 잘 못함으로 발생하는 경우가 많습니다. 아이들을 살펴보아도 그렇습니다. 어떤 아이가 유독 다른 아이에 대해 공격성을 나타낼 때를 잘 관찰해 보았더니, 그 아이의 청력에 문제가 있었던 경우가 있었습니다. 즉, 청력에 문제가 있었으니 언어 발달에도, 언어적 표현에도 어려움이 있었던 것입니다. 말을 잘 못하면 아이는 상대방에게 손이 먼저 나가게 됩니다. '공격성'은 그렇게 생기는 것입니다.

말을 잘 못하면 역시 '갈등'이 생깁니다.

공감의 말은 개인적으로 생존 전략이기도 하지만 더 크게는 이 사회가 '갈등'을 해결하여 합리적 소통을 통한 이상적인 민주주의 공동체를 이루는 데 가장 필요한 지혜입니다.

갈등이 생겼습니까? 사실에 대한 지식을 내가 말로 나열할 수도 있지만, 한 발 뒤로 물러나 이렇게 말해 봅시다.

"맞아! 맞아! 맞아! 그래! 바로 그 말이었어요!"

굳이 내가 말하고자 하는 이유가 대화에서 나를 드러내고 내 생각을 관철시키는 것과 같은 목적이 아니고 서로를 존중하고 그럼으로써 나의 존귀함을 나 스스로 인식하고자 하는 것이라면 말입니다. 하지만 그러한 내 말 한 마디에 함께하는 사람들은 갈등의 고리가 풀리고 있다는 것에 감사하고 있을 것입니다.

예쁜 색종이를 접듯이, 몇 번씩 마음속에 고이 접어 넣은 마음을 다시금 말로 적절하게 표현하는 것은 쉬운 일이 아닙니다. 하지만 공감의 말은 그렇습니다. 미사여구를 붙여서 포장된 현란한 말이 아니라 마음속에 예쁘게 접어 넣어 두었던 대로 구겨질까 두 손으로 살포시 내어 놓는 말입니다. "아! 그렇군요." 하듯이 말입니다.

제7장
자만의 싹과 진정한 씨앗의 구별

저는 자만하기를 참 잘합니다. 이런 말을 한다는 것이 부끄럽지만, 날마다 잠자리를 들며 제 자신의 부족함을 절절히 느꼈으면서도, 때가 되면 뱃속의 배꼽시계가 소리를 내는 것처럼 당연하다고 하듯이, 아침 해가 뜨는 것과 함께 자만의 싹이 쏙 올라와 있습니다.

이것은 내가 혼자 걸을 수 있고 내가 혼자 생각할 수 있고 내가 혼자 무언가를 잘 해낼 수 있다는 유아기 시절부터 성취해야 할 자신감과는 다른 것입니다. 그리고 내가 세상에서 유일하고 특별한 유니크unique한 존재로서 나의 가치를 인정하는 자아존중감과도 다른 것입니다. 그것은 그럴 만한 이유없이 베스트 웨이best way보다는 이지 웨이easy way를 선택하고서 결과에 불만족하는 불성실을 동반하는 악惡한 마음이라고도 감히 말할 수 있습니다.

제가 굳이 '악'이라고까지 말하는 것은 그만큼 가르치는 자가 피해야 하고 가까이 해서는 안 되는 것이기 때문입니다. 가르치는 자의 가장 큰 악이 '자만自慢'입니다.

제가 대학에서 가르쳤던 유아 교육에 대하여 학생들을 평가하는 내용 중에는 학생들이 유아 교육 현장에서의 교사처럼 가상하여 수업을 하는 '모의 수업'이 있습니다. 그때 저는 학생들의 모의 수업 후에, 그 수업 내용에 기반하여 학생들이 영유아 교사로서 그들이 갖추어야 할 것들에 대하여 피드백을 해주게 됩니다. 언젠가 저는 소속된 반은 다르나 모의 수업을 한 두 학생에게 이런 피드백을 해주었습니다.

"자만하지 마십시오!"

자만이 당신의 장점을 덮을 수 있어요

평상시에 학생들에게 엄한 말을 그다지 하지 않는 편인 저인지라, 그 말을 들은 학생들은 눈을 동그랗게 뜨고 적잖이 놀란 듯 저를 바라보았습니다. 그 말을 들은 한 학생은 창의적인 사고력이 뛰어난 사람이었고, 다른 학생은 유아 교사로서의 유연한 교수 능력을 갖고 있는 사람이었습니다. 하지만 그것이 그들에게 악이 되었습니다. 남보다 탁월한 능력을 가진 교사는 보다 좋은 보다 완성된 수업을 할 수 있지만, 자신의 그 탁월한 능력에 대한 자만함으로 보다 성실한 준비를 할 수 있는 기회를 스스로 박탈할 수 있습니다. 그들의 자만함이 그들의 장점을 가리는 것입니다. 그들이 상처받을까 조심스러운 마음이었지만 주저함 없이 저는 그들에게 말했습니다. 저도 한때 그러한 자만함으로 저의 장점을 가리는 우愚를 범했던 기억을 갖고 있었기 때문입니다. 그들은 저와 같은 실수를 하지 않기를 바라는 마음으로 용기를 내어 그들의 마음을 두드렸습니다. 사랑하고 아끼기 때문에 해줄 수 있는 말임을 확신하였기 때문입니다.

  창의적인 사고력으로 수업 아이디어를 냈다고 그 수업의 진가가 발휘되는 것이 아닙니다. 그것이 잘 다듬어진 수업의 형태로 준비되어질 때 아이들을 향한 진정한 교사로서의 역할을 다하는 것입니다. 특히, 융통성이 있고 유창한 말솜씨가 있는 유아 교사가 더욱 유념해야 할 것은 교육 계획안을 작성하고 자칫 교육 계획안과 실제 수업을 다르게 운영할 수 있다는 것입니다. 물론 생각지 못한 상황이 발생하여 그럴 수밖에 없는 경우도 있지만, 수업 전, 수업 상황을 예측하여 수업에 대한 준비를 철저히 서면으로 작성한 교육 계획안에 따라 교육은 이루어져야 합니다. 그런데 말이 유창한 교사일수록, 상황에 따라서 교육 계획안을 나 몰라라 할 수 있다는 것입니다. 특히 초임 교사일 때는 아무리 능숙한 말솜씨를 갖고 있고 유연한 대처 능력이 있다 할지라도 교육 계획안을 잘 숙지하고 수업을 운영하는 노력을 게을리하지 말아야 합니다. 자신이 갖고 있는 기본능력만을 믿고 기초적인 수업 준비를 하지 않으면 낭패를 볼 수 있기 때문입니다. 기초적인 수업 준비 능력이 지속적으로 쌓일 때, 그것은 진정 실력 있는 교사로서 자리매김하는 에너지원이 될 것입니다. 또한 그러한 교사로서의 자세는 그 교사에게 맡겨진 아이들에 대한 성실한 존중의 마음으로서 아이들마저도 느끼는 사랑의 기본 표현이라고 할 수 있습니다.

진정한 씨앗을 골라 내는 힘

무언가 다채롭고 신선한 아이디어가 많은 사람인데 어떤 특별한 실력을 자부하지 못하는 사람은 먼저 자신에 대해 잘 들여다보는 작업을 해야 합니다. 분명 많은 능력의 씨앗을 갖고 있는 사람도 그것에 물을 주고 햇빛을 비추고 잎을 사랑스럽게 닦아 주는 농부와 같은 성실한 마음이 뒷받침되지 않으면 그 어느 씨앗도 아름다움을 발하는 꽃으로 피어나지 못할 것입니다.

여기에서 문제가 되는 것은 자신을 잘 표현할 수 있는 진정한 씨앗을 골라 내는 일입니다.

어떻게 내 진정한 씨앗을 찾아 골라 낼 수 있을까요?

누군가가 "너는 무엇을 하면 정말 잘 될 거야!"라고 말해 주어 그것대로 해서 행복한 삶을 산다면 이 세상에는 그토록 다양한 삶을 사는 사람은 없을 것입니다. 왜냐하면 보통 사람들이 머릿속으로 생각해 낼 수 있는 직업의 종류는 일반화된 통계 자료에 의해 제한되어 있기 때문입니다.

누구나처럼 고3 기간을 거쳐 가던 어느 날, 고등학교 때부터 관심을 갖고서 대학교에 생물학과로 지원하려는 저에게 저희 어머니는 대뜸 두터운 책 하나를 내미셨습니다. 어머니는 어느 철학관에서 사주를 보는 사람으로부터 저의 인생이라고 하는 사주풀이 책을 받아 오신 것이었습니다.

그리고는 이렇게 말씀하셨습니다.

"승희야, 미대를 지원하면 어떻겠니? 네가 예체능계로 가면 아주 뛰어난 인물이 된단다!"

저는 이 평생 그 책의 표지도 열어 보지 않았고, 지금은 그 책이 어디에 있는지도 모릅니다. 어떻게 보느냐가 중요할 것 같습니다. 그 책을 들여다 보는 것이 재미는 있을 것 같았지만, 제가 살면서 신념을 잃어버리거나 정작 길을 잃고 헤매고 있을 때 그 책의 내용에 의존하여 저의 가능성을 창살 없는 감옥에 가두지 않을까 하는 염려와 두려움이 있었습니다. 저는 준비했던 대로 미대가 아닌 이과대의 생물학과를 지원하였고 정말 가고 싶었던 KIST(한국과학기술원) 연구원으로서의 삶을 경험할 수 있었습니다. 이후 저는 유아교육과로 편입을 한 후, 유아 교사로서 9여 년을 유치원 현장에서 아이들과 생활을 하였고, 인성 교육을 위한 특별한 교수법 구상 및 제작을 위해 대학원 과정을 밟기도 했고, 대학에서 조교수로서 앞으로 유아 교사가 될 학생들을 지도하기도 했습니다. 그리고 현재는 창의성과 인성의 중요성을 널리 알리는 그림책 동화뿐만 아니라 다양한 글을 쓰고 있는 작가로서, 제 소신을 담은 1인 출판사를 운영하고 있습니다.

많은 우여곡절 끝에 지금 여기 와 있는 저는 후회가 없습니다. 제 인생에서 다른 사람들보다 비교적 많은 변곡점에 대해 설명할 기회가 있다면 앞으로 제게 주어지는 통찰력에 의해서 씌어질 책 속에서일 것입니다. 다른 사람들의 눈에는 제가 정말 진정한 씨앗을 찾았을까 하는 의구심을 가질 수도 있겠지만, 저는 제대로 왔다는 생각이 듭니다. 왜냐하면 저는 지금 정말 신나기 때문입니다. 이 일을 오래도록 하기 위해 100세 시대가 되었다고 세상의 변화를 빗대어 변명을 할 만큼 저는 즐겁습니다. 제 일을 찾은 겁니다. 물론 모든 사람들이 저처럼 많은 변화를 겪어야 진정한 씨앗을 찾는다는 것은 결코 절대로 아닙니다. 다만, 제가 강조하는 바는 제가 지금 조급하여 늦었다고 생각하지도 않을 뿐더러 더욱 값지고 원대한 꿈에 가슴이 설레고 있다는 것입니다.

성실성에 대한 경험이 자기 확신의 근거

저는 진정한 씨앗을 어떻게 골라 낸 것일까요?

사람은 사회적 동물이고 한계가 있는 존재이므로 의미 있는 다른 사람이나 주변 환경으로부터 많은 영향을 받습니다. 하지만 그렇다고 결정적으로 그것 때문에 행동을 위한 최종 판단을 하거나 최종 결단을 내리지는 않습니다. 자기 확신이 있어야 합니다. 내 능력에 대한, 나의 역할에 대한, 내가 가져야 할 책임감에 대한, 내가 존중받아야 할 권리에 대한 확신이 필요합니다. 그런데 이것과 자만이 무슨 관계가 있을까요?

　사람은 특별히 창조주로부터 영적인 능력을 부여받지 않는 한, 미래에 대한 예지력을 갖거나 혜안을 갖는다는 것은 그와 관련한 지식을 쌓거나 살아온 삶에 대한 결과치를 분석하여 얻는 지혜의 안목입니다. 하지만 자만한 사람은 절대로 이런 것을 가질 수 없습니다. 불성실한 사람은 절대로 자신이 어떤 능력이 있는지, 자신의 역할이 무엇인지, 자신의 책임감은 어떻게 구현되어야 하는지, 자신은 왜 존중받아야 하는지에 대한 확신을 가질 수 없습니다. 불성실함 때문에 확신할 수 있는 삶의 자기 증거가 없기 때문입니다. 경험은 영유아기뿐만 아니라 전 생애를 통해 중요합니다. 자신의 땀과 노력이 깃들여진 성실한 경험이 자기 확신에 대한 중요한 근거입니다.

  흔히들 말하는 '선택과 집중'은 우리가 자만한 삶을 살지 않는 최선의 방법일 수 있습니다. 그런데 여기서 무엇을 선택해야 할지 모르는 선택 장애가 또 문제가 됩니다. 우리는 B(Birth)와 D(Death) 사이에 C(Choice)가 있다고들 합니다. 즉, 삶은 사람이 '앙앙' 하며 울음을 터뜨리고 생명을 얻는 순간부터 죽음을 맞는 순간까지 선택의 책임이 부여되는 상황의 연속이라는 것입니다. 우리는 좋은 선택을 하고 싶습니다. 손해 보고 싶지 않기 때문입니다. 책임지고 싶지 않은 결과를 손바닥 위에 올려놓고 보고 싶지 않습니다. 하지만 아무 경험도 지식도 없는 상황에서 좋은 선택을 하기란 정말 불가능한 일입니다. 그럼 어떻게 해야 할까요?

  여러 가지 이유로 실질적인 결혼식을 올리지 않는 요즘 청년들은 예전과 다르게 혼전 동거를 많이 합니다. 예전 모 교수님께서 강단에서 이런 말씀을 하셨던 적이 있었습니다.

  "여러분께서 책임을 질 수 있다면 혼전 동거를 선택하십시오."

  이제는 '이혼'이라는 것은 흔한 문화가 되고 있습니다. 예전에는 이혼을 하면 회사에서는 '승진'의 대열에서 제외되기도 했던 시기도 있었습니다. 지금은 오히려 많은 일반 가족들이 시청하는 가족 드라마에서도 진정한 사랑을 찾는다면 이혼이나 불륜은 당연시 되는 듯도 합니다. 관계에 있어서도 '경제성'을 중요하게 생각하는 것입니다. 하지만 궁극적으로 우리의 조상이나 인생의 선배들이 결혼의 짝을 찾는 데 있어서 신중에 신중을 기하고 또 그것으로 인하여 서로의 인생을 향하여 준 소중한 약속을 어떤 어려움이 있어도 지키고자 했던 마음가짐은 우리가 보다 겸손의 자세로 살펴보아야 할 문제가 아닌가 생각을 해봅니다.

또한 최근 책임이 수반되지 않음으로써 절대로 있어서는 안 되는 가슴 아픈 사건들이 발생하는 것을 볼 수 있습니다. 그 대표적인 것이 부모들의 아동학대이지요. 어떻게 자신의 몸을 통해 얻은 생명을 함부로 할 수 있을까요! 정말 그 어느 누구도 혀를 내두르지 않을 수 없을 것입니다.

선택 역량은 후천적

앞서 우리는 '좋은 선택'에 대한 물음을 하였습니다. 그 선택 때문에 짊어지게 된 책임감에 대하여 기쁘고 즐거운 감흥을 갖게 될 때, 그 선택을 '좋은 선택'이라고 할 수 있을 것입니다.

하지만 책임지는 것을 전제로 한 선택은 어려운 것입니다. 그래서 그것 역시 영유아기 시절부터 자연스럽게 습득되어져야 하는 인성 역량입니다. 선택 역량은 선천적인 것이 아닙니다. 그것은 경험과 연습을 통해 발달하는 후천적 역량입니다. 그런데 요즘 아이들은 선택을 경험하거나 연습할 수 없습니다. 기회가 주어지지 않습니다. 자신이 선택해 보기 전에 이미 엄마가 자신의 경험에 따라 세워진 굳건한 계획 가운데 아이들의 경험이 결정되기 때문입니다. 그러면 만약 아이에게 먼저 선택권이 주어진다면 어떻게 되는가를 생각해 봅시다. 물론 아이들은 '이것은 내 책임이야' 하면서 선택을 하지는 않습니다. 하지만 선택을 한 후, 자신에게 주어진 결과에 대해 책임의 중요성을 배웁니다. 그래서 만약, 좋지 않은 결과에 대해서는 그 다음 번에 '더 잘 선택해야지!' 하고 생각하게 됩니다. 하지만 엄마가 만들어 준 선택의 책임은 아이가 지지 않습니다. 엄마의 몫입니다. 이런 것을 자녀를 위한 엄마의 희생이라고 볼 수는 없습니다. 다시 말해, 훌륭한 엄마라고 볼 수 없다는 것입니다. 이러니 엄마나 아빠 때문에 배우자도, 자신에게 어울리는 옷 하나도 스스로 선택하지 못하는 키만 다 자란 청년들이 있다는 것은 당연한 현실이라고 하겠습니다. 자신이 선택한 결과에 대한 두려움을 감당하기 싫은 겁니다.

자만하면 좋은 선택을 하기 어렵습니다. 내가 감당해야 할 경험에 대해 성실한 선택을 하지 못합니다. 자만하면 주어진 상황에서 최선의 노력을 선택하기보다 최고의 요령을 선택할 수 있습니다. 보통 시험을 치르거나 발표를 준비할 때 준비 기간이 어느 정도 주어졌음에도 한참을 미루어 두었다가 그 전날 허둥지둥 준비하여 낭패를 보는 경우가 있습니다. 활용한 최고의 요령 덕분에 표면적으로 완전한 실패를 거두지는 않을지라도 이런 요령으로 얻은 성공이 있다면 절대로 의지해서는 안 됩니다. 그것은 자만이 주는 악한 유혹입니다.

그래서 부모든, 교사든 가르치는 자로서 역할을 부여받은 사람은 배우는 자에게 최선의 선택을 할 수 있는 환경을 마련해 주어야 합니다. 배우는 자가 주변 환경 속에 있는 지식을 잘 이해할 수 있도록 교수 능력을 발휘하는 것도 가르치는 자의 중요한 역할입니다. 그런데 그 역할이라는 것을 잘 생각해 보아야 합니다. 왜냐하면 그 지식을 배우는 자가 실생활에서 적용할 수 있는 실천력은 가르치는 자가 책임감 있는 선택을 하는 모습

을 배우는 자에게 어떻게 보여주는가에서 비롯합니다. 교사를 예로 들어 봅시다. 교사가 수업을 위하여 준비할 때, 자만한 마음가짐과 태도를 갖고 있으면 아이를 위한 수업에 대하여 책임감 있는 교수 능력을 발휘할 수 없습니다. 책임감 없이 준비된 수업에 임한 아이는 수업에서 들었던 지식들을 자신의 주변 환경속에 적용하기는커녕 쓰레기처럼 길거리에 떨어뜨리고 다닐 것입니다. 자신에게 가치로운 지식을 가르쳐 주지 않은 교사에 대해 아이는 신뢰를 가질 수 없을 것입니다. 즉, 책임감 있는 선택을 하지 않음으로써 자신이 가르치는 지식을 삶 속에서 적용하지 않는 교사는 배우는 자인 아이와도 역시 책임감 있는 관계를 맺을 수 없습니다.

자만은 스스로에게 '악'

자만은 수박 겉핥기와 같은 삶을 수반할 수 있습니다. 커다란 수박을 맛나고 시원한 알맹이는 먹지는 못하고 겉껍데기만 핥아 내는 것처럼 성실을 기반으로 하지 않은 자만함은 요란하게 소리만 내는 빈 수레와 같이 실속 없는 삶이라고 할 수 있기 때문에 결국, 이런 삶의 마지막은 '후회'로 점철될 것이 자명합니다. 그래서 그 어떤 것보다 자만은 자신에게 악한 마음인 것입니다. 물론 성실한 사람이라면 자신이 자만해지는 것에 대해 늘 경계하며 겸손의 장벽을 치고 목숨을 걸고 싸우기에 물러섬이 없을 것입니다. 가르치는 자가 그렇다면 그에게서 배우는 자는 정말 청출어람青出於藍이라는 말에 제격일 것입니다.

   저는 매일 선택합니다.

매일 아침, 매순간 고개를 들고 제 마음속에서 자라나는 자만의 싹을 호미로 자릅니다. 아니 자르고자 노력합니다.

어쩌면 이 말은 제 자신에게 가장 먼저 하고 싶은 말일 것입니다.

"자만하지 마십시오!"

제8장
최선의 괴력

진인사대천명盡人事待天命.
'사람으로서 할 수 있는 일을 다 하고 하늘의 뜻을 기다린다.'

 이 말은 제가 고등학교 3학년 때 담임선생님께서 저희 반 학생들에게 힘겨운 고3의 여정을 격려하고 응원하며 해주셨던 말씀입니다. 그때는 이 말이 그다지 마음에 와 닿지 않았습니다. 하지만 불혹不惑을 지나 지천명知天命의 나이도 중반에 이르러 인생을 뒤돌아보니 이 말씀이 참 대단하다는 생각으로 탄복을 하게 됩니다.

 고등학교 때 각 반에는 '급훈'이라고 하여 그 반을 구성하는 선생님과 학생들의 정신을 명료하게 나타내는 단어나 말들을 액자에 넣어 반에서 가장 잘 보이는 곳에 걸어 둡니다. 그때 참 재미나고 다양한 급훈들이 있었습니다. 윤리 과목 담임 선생님께서 이끄는 학급의 '된 사람'이란 급훈도 인상적이었지만, 지하철 2호선에 배치되어 있는 대학으로의 입학을 노리

자는 의미로 만들어진 '2호선을 타자!'라는 급훈은 정말 학력고사(지금의 수능시험)의 시름을 잊을 만큼 웃음을 주었습니다. 그리고 언제나 빼 놓을 수 없는 명언, '최선을 다하자!'라는 급훈이 걸려 있는 반도 당연히 있었습니다. 늘 느끼는 바지만 그리 세련되지도 신선하지도 않은 말입니다.

최선을 다하자!

하지만 시대가 지나도 세대를 거듭해도 결코 사라지지 않을 말이라는 확신이 있습니다. 그 확신은 저뿐만은 아닐 것입니다.

바로 지금 최선을!

앞서 밝힌 바와 같이 저는 학부와 대학원에서 생물학과 미생물학을 전공하고 유아교육학과로 학부 편입을 하여 지금에 이르렀습니다. 그 과정 중에 많은 스승님들이 저에게 영향을 끼쳤습니다. 비단 강단에 서는 분들이 아님에도 제게는 참 중요한 분들이 곁에 계셨습니다. 그런 분들 중에 생물학과 1학년으로 입학한 저에게 다가온 한 선배님은 어느 날 캠퍼스 한 쪽에서 잠깐 쉬고 있던 저의 정신을 번뜩 일깨웠습니다. 그 선배님은 저에게 이런 질문을 했습니다.

"승희는 가장 소중한 시간이 언제니? 가장 소중한 장소는 어디니? 가장 소중한 사람은 누구니?"

저는 그 순간 깜짝 놀랐습니다. 저는 제 자신이 참 열심히 산다고 자부하고 있었는데, 이 질문에 선뜻 대답을 할 수 없었습니다. 그 선배님은 이어 말했습니다.

"내가 말하는 답이 누구에게나 다 적용되는 것은 아니겠지만, 거장 톨스토이는 이렇게 말했단다. 가장 소중히 여겨야 할 시간은 바로 지금이고, 가장 소중히 여겨야 할 장소는 바로 지금 여기이고, 가장 소중히 여겨야 할 사람은 바로 내 앞에 있는 사람이란다."

바로 '지금 현재' 최선을 다하는 겁니다. 시간에서도, 장소에서도, 사람에게서도. 그러면 혹여 실수는 할 수 있을지라도 후회를 하는 실패는 하지 않습니다. 지금의 최선이 시기적절 하지 않을 때도 있고, 원했던 소득을 얻지 못할 수도 있습니다. 하지만 지금의 노력은 언젠가는 쓰임새가 있습니다. 언제 그 쓰임새가 있을지 그 시기와 장소, 사람을 당장은 모른다 할지라도 그 최선의 경험은 인간이 태어나 살면서 하게 되는 많은 중요한 경험들 중 하나일 것입니다. 그리고 최선을 통한 그 중요한 경험들은 삶에 다양하고도 많은 유익을 줍니다. 경험주의를 주장한 듀이Dewey*를 굳이 언급하지 않더라도 인간에게 결코 쓸모없는 경험은 하나도 없습니다. 다만 그 경험을 어떻게 바라보느냐에 따라 그 경험의 가치와 결과가 달라질 수 있습니다. 최선의 경험을 갖고자하는 나의 의도가 선善하다면 실수한 것도 선하게 돌아옵니다. 물론 그렇다고 실수할 수 있는 여건을 마련하라는 것은 절대로 아닙니다. 최선을 다해 선한 의도로 선을 이루려는 노력은 실수까지도 활용하여 선한 결과를 만들 수 있다는 것입니다.

누구나 최고가 될 수 없지만 누구나 최선은 다할 수 있습니다.

---

* 존 듀이John Dewey(1859~1952)는 미국의 경험주의 또는 실용주의 교육철학자이다. 효과적인 교육은 일방적인 지식의 암기가 아니라 스스로의 선택과 학습을 통한 깨달음에 있다고 주장했다.

나의 '최선'을 찾는 방법

여기서 중요한 문제는 내가 나의 최선이 무엇인지, 어느 만큼인지 잘 모른다는 것입니다. 나의 최선에 대해 알고자 한다면, 여기에는 그 사람에게 '의미 있는 사람'의 정서적 지지가 뒷받침된 객관적인 평가가 필요합니다. 저는 그것이 가르치는 자로서 역할을 부여받은, 즉 부모, 교사 등등의 몫이라고 생각합니다. 하지만 객관적인 평가만 해주는 것은 위험합니다. 그것은 하지 않는 것만 못합니다. 사랑의 관계가 확보된 후 해주어야 합니다. 객관적 평가를 할 수 없다면 그냥 사랑만 하는 것이 더 좋습니다.

그래서 사랑하는 관계로서 신뢰를 전제로 '가르치는 자'는 여러 가지 방법으로 '배우는 자'가 자신에게 최선이 무엇인지 알 수 있도록 도와야 합니다. 결국 스스로 자신을 성장시키기 위해 선택과 결단을 하는 것은 배우는 자 자신이기 때문입니다. 자신이 갖고 있는 능력을 발견하고 그 능력을 계발할 수 있는 통로로 향하여 인내하고 훈련하며, 그 통로를 잘 통과하여 나아가 자신감을 갖고 살 수 있도록 가르치는 자, 특히 부모와 교사는 아이를 위한 배움을 준비하는 동시에 아이의 어깨를 두드리고 손을 잡아 주며 함께 보아 주는 노력을 해야 합니다. 이것은 아무렇게 대충대충 해서는 안 됩니다. 그래서 혹자는 농담같이 '대충'이 세상에서 가장 무서운 곤충이라고도 합니다.

그래서 가르치는 자로서 부모와 교사는 최선을 다해야 합니다. 왜냐하면 한 사람을 세우는 일은 그리 쉬운 일이 아니라고 말하기 이전에 매우 중요한 일이기 때문입니다.

모의 수업을 지도하면서 '인생에서도 모의 수업이 있으면 참 좋겠구나!' 하고 생각했던 적이 있었습니다. 하지만 인생에서는 모의 수업이 없습니다. 지금 현재가 다음 시간의 모의 수업 시간일 뿐입니다. 그래서 바로 지금이 더욱 중요합니다.

하지만, 요즘은 많은 사람들이 나의 '지금'을 직면하기 어려워 합니다. 그 만큼 '현재'라는 시간이 많은 사람들에게 힘들고 고통스러운 경험을 갖게 해주는 기간일 수도 있지만, 더 중요한 것은 '현재'는 더 이상 나의 역사 歷史에서 되돌아오지 않는다는 것입니다. 피해 갈 수 없다는 것입니다. 아니 피해서는 안 되는 것입니다.

최근 인공지능의 발달로 우리는 TV와 대화를 하기 시작했습니다. 그야말로 동화 속의 요술 램프 지니의 이름을 빌려, '지니'라는 이름도 있고 '아리아'란 이름도 갖고 있는 인공지능은 TV를 보고 있다 보면 뜬금없이 질문을 합니다. 원하지도 않았는데 질문을 요구하기도 하고, 질문을 하면 그 질문은 이해할 수 없다고 딱 잘라 거절하기도 합니다.

앞으로 사람들에게 많은 것을 보장해 줄 것 같은 미래를 제시하고 있는 인공지능을 우리는 과연 우리 자신의 최선의 노력보다 우리의 삶을 가꾸어 줄 수 있는 가능성으로 신뢰할 수 있을까요? 새 시대의 신문물에 대하여 우리들이 수용할 수 있는 이해의 발걸음은 어느 정도의 보폭을 가질 수 있을까요? 물론 인공지능은 날로 발전해 나갈 것입니다. 그래서 그런 인공지능의 시대를 외면한다면 우리는 도태될 수 밖에 없습니다. 그렇다고 이것은 인공지능 시대에서 당연시되고 있는 5G 기술에 대한 역량을 개인적으로 습득해야 한다는 것을 강요하는 것이 아닙니다. 생활에 필수적인 기술은 배워야겠지만, 전문가적인 기술을 배워야 한다는 것은 개인적 필요가 아닌 이상, 쓸데없는 강박관념입니다. 하지만 나의 최선을 알고 노력하는 사람은 그 어떤 시대가 도래한다고 할지라도 결코 상실되지 않을 것입니다. 또한 최선을 다하는 사람은 후회가 없기 때문에 두려움도 없습니다.

공들여 얻는 '자신감'

저의 좌우명은 '노력해서 다 되는 것은 아니지만 노력하지 않고 되는 것은 하나도 없다'입니다. 말 그대로 노력한다고 목표한 대로 계획한 대로 다 되지 않습니다. 하지만 후회하지는 않습니다. 계획한 것과는 분명 다른 것을 또 얻게 되기 때문이고 최선을 다했기 때문에 미련이 없습니다. 또한 최선의 경험에 대한 결과를 가지고 다른 영역에서 활용할 수도 있습니다. 이러한 이유들로 노력을 하였으나 계획한 대로 다 되지 않아도 '긍정적 사고'를 유지할 수 있습니다. 그리고 또한 노력하지 않고 이루어지는 일은 인생에서 아무런 덕이 되지 않는 요행일 뿐입니다. 분명 인생을 이제까지 살면서 절절히 느끼는 것 중 하나는 '공들여 얻은 것'에 애정이 있고 내 것이라고 주장하기에 거리낌이 없다는 것입니다. 노력한 만큼 잘 알기 때문입니다. 그러니까 자신감이 저절로 생겨납니다. 따라서 자신의 성실한 노력을 통한 인생의 내면에 축적되어 내재된 자신감이야말로 부모와 교사가 가르치는 자로서 지녀야 할 기본적인 역량이 아닐 수 없습니다.

내가 목표한 곳에 올리기기 위하여 한 계단을 오르려면, 그 계단을 밟는

내 발이 갖고 있는 균형감과 지지 능력을 믿을 수 있어야 합니다. 그것은 단번에 생기는 믿음이 아닙니다. 아기가 자신이 한 번도 올라가 보지 못한 한 계단을 올라갈 수 있다는, 올라가고 싶다는 도전 의식을 갖게 되는 최선의 노력은 그동안 평지에서 끊임없이 해왔던 걷기 연습을 통해 갖게 된 자신감에서 비롯됩니다. 그렇게 그 한 계단을 오를 때 아기는 얼마나 온 힘을 다할까요! 그것이 최선입니다.

시공간을 초월하여 스마트폰으로 자신의 일을 처리할 수 있는 인공지능의 시대라 할지라도 저는 이 말이 가지는 괴력에 대해 자신감있게 말할 수 있습니다.

"최선을 다합시다!"

제9장
당신에게서 본 영향력

제가 백석문화대학 조교수로서 근무할 때, 저는 출퇴근 시 기차를 이용하곤 했습니다.

기차를 한 시간 정도 타고 가다 천안역에 내려서는 주로 택시를 이용하는데, 저에게 언제부턴가 변화가 생겼습니다. 그것은 택시를 타면 기사님께 "안녕하세요!" 하고 인사를 하는 예절입니다. 저는 이전에는 이런 인사를 택시 기사님께 해본 적이 없었습니다. 그런데 언젠가 함께 택시를 탄 대학생이 택시 기사님께 인사하는 모습이 정말 좋아보였습니다. 그래서 저는 지금도 택시를 타게 되면 반드시 "안녕하세요!" 하고 인사를 합니다.

영향력은 어떤 사람이 주는 것일까요?

교수인 제가 학생에게 영향을 받아 변화를 한 것이 이상한 것인가요?

대통령의 말이기 때문에, 유명 가수의 옷차림이기 때문에, 유명 토크쇼 진행자의 유머이기 때문에 갖는 영향력도 우리에게 미치는 정도가 꽤 큽니다. 하지만 대통령이 아니더라도, 유명 가수나 배우가 아니더라도, 축구 선수나 토크쇼 진행자가 아니더라도 저의 생활 주변에는 더 큰 영향력을 주는, 평범하지만 위대한 사람들이 정말 많습니다.

평범한 사람들의 위대함

정확한 복용법을 알려 주고자 미소를 잃지 않고 친절한 안내를 하는 약국의 약사로부터, 최선을 다해 맛난 김밥을 준비해서 손님의 입맛을 감동시키는 김밥집 아주머니를 통해, 컴퓨터 사용의 어려움을 극복하도록 도와주는 인터넷 상담사의 열의를 다하는 목소리로부터, 자녀가 학업에 대한 열정을 잃지 않도록 끊임없이 공부하는 본을 보여 주기 위해 평생교육원에 등록하셨다는 택시 기사의 고백을 들으며, 저는 정말 이 세상을 지켜주는 작은 거인들이 바로 이분들이 아닌가 하는 생각을 합니다. 물론 제 직업도 중요하지 않다는 것이 아니라 이렇게 사회 각 구성원들이 자신의 직업에 대해, 자신의 역할에 대해 자부심을 갖고 최선을 다할 때 우리는 서로에게 격려가 되고 응원을 받게 됩니다. 그래서 내게 그런 격려와 응원이 되는 어떤 도전의 대상이 있다는 것은 매우 중요합니다. 여기서 '도전'이라 함은 기독교인들이 어떤 선한 목표에 대해 다른 대상으로부터 격려와 자극을 받아 자신도 그 목표를 이루고 싶다는 의지를 표명하는 의미로써 기독교인들이 주로 사용하는 표현입니다.

도전의 대상은 경쟁의 대상과는 다른 의미입니다. 그냥 이기고자 하는 대상이 아니라 그가 있음으로 내가 성장하기 위한 동기가 유발되고 힘을 얻게 되는 대상을 말합니다. 즉, 누군가가 나의 도전의 대상이 된다는 것은 그로부터 받는 영향력이 있다는 것입니다. 본받고 싶은 것이 있다는 것, 내 주변에 내가 본받고 싶은 대상이 있다는 것은 축복된 일입니다. 그 대상이 당신이었으면 하는 바람입니다. 아니, 제가 바랄 것도 없이 이미 당신은 누군가에게 도전의 대상이 되어 있음을 기억해야 합니다.

좋은 영향력, 나쁜 영향력

어느 누구에게서도 배울 것이 없는 사람은 없습니다. 이 세상의 사람은 적어도 한 가지 이상 다른 사람에게 영향을 줄 수 있습니다. 먼저 영향력은 쌍방 간에 준비된 열린 마음에서 시작되지만 그렇다고 열린 마음으로 상대방의 모든 것을 다 수용하지는 않습니다. 수용되는 영향력은 가장 자극적인 것일 수도 있고 가장 가치 있는 것일 수도 있습니다. 그래서 좋은 영향력도 있지만 나쁜 영향력도 있습니다. 때문에, 내가 갖고 있는 영향력이 만약 단 한 가지라면 그것이 좋은 것인지 나쁜 것인지 점검해 볼 필요가 있습니다. 왜냐하면 나쁜 영향력일수록 전파력이 강하기 때문입니다. 당신이 지금 누군가의 단점이나 잘못을 험담하고 비난하고 있다면 당신은 그때부터 그 사람의 단점이나 잘못에 대한 영향력하에 놓여 있다는 것에 긴장해야 합니다. 당신이 그 사람의 흉을 보는 순간 당신도 그 사람과 같은 잘못을 저지르게 될 확률이 높아지기 때문입니다. 하지만 그와 반대인 좋은 영향력은 어떤 힘을 갖고 있을까요?

한동안 우리나라에 '칭찬합시다!'라고 하여 칭찬 릴레이를 하는 TV프로그램이 인기를 끈 적이 있습니다. 칭찬이 고래도 춤추게 하듯이 당신의 말 한 마디는 영향력을 만들어 낼 수 있습니다. 이 영향력은 양방향으로 작용하는 힘이 있습니다. 그래서 상대방이 영향력을 가질 수도 내가 영향력을 가질 수도 있습니다. 물론 진정한 영향력은 말로만 이루어질 수 없습니다. 그래서 내가 누군가로부터의 영향력하에 있다는 고백으로서 누군가에게 도전이 되었다고 하는 말이 빈말이 되지 않기 위해서는 정직하고도 구체적으로 상대방을 바라보는 마음의 자세부터 준비되어야 합니다. 그런 마음으로 누군가를 칭찬한다면, 누군가의 모습에 도전을 느꼈다면 그것은 내게 엄청난 큰 영향력이 되어 나를 변화시키는 힘을 발휘할 것입니다.

그리고 보다 염두에 둘 것은 상대방의 기분을 좋게 하려는 명분으로 빈말은 하지 말라는 것입니다. 언젠가는 그 말이 빈말이라는 것을 상대방도 알게 된다는 무서운 사실이 아니더라도, 그 빈말 때문에 내 가치는 한없이 추락하기 때문입니다. 하지만 앞서 말한 바와 같이 이 세상의 어느 누구에게서도 내가 배울 점이 있기 때문에 내가 상대방에게서 배울 점을 찾으려는 노력은 결코 헛된 일이 되지 않을 것입니다.

그래서 저는 언제부턴가 사람을 만날 때면 그 사람의 장점이 무엇일까 하고 관찰하는 습관이 생겼습니다. 그리고 반드시 정확히 근거가 있는 관찰을 하고, 그 관찰을 통해 얻은 사실에 근거해서 칭찬의 말을 건넵니다. 그러면 그 사람은 저를 신뢰합니다. 제가 한 말이 결코 아부나 농담이 아니라는 것을 인정하기 때문입니다. 또한 더욱 좋은 것은 그렇게 칭찬을 했던 사람의 장점은 부메랑처럼 돌아와 제 것이 될 확률이 높습니다. 그래서 사람을 만날 때마다 장점을 보는 눈은 저를 각종 가치로운 장점으로 무장된 영향력 있는 사람으로 성장시킬 수 있습니다.

아이들은 놀면서 영향력을 주고받아요

영향력을 주고 받는 아이들의 놀이를 살펴봅시다. 아이들의 놀이를 보면 영향력을 주고받는 사회적 상호작용이 어떻게 발달하느냐에 따라 그 유형이 달라진다는 것을 알 수 있습니다. 놀이에 참여하지 못하고 순간적으로 관심을 나타내거나 흥미에 따라 잠시 잠깐 다른 친구들의 놀이를 바라보는 비참여 행동non-play behavior, 말을 건네고 질문도 하고 제안을 하지만 놀이에 참여하지 않는 지켜보기looking behavior, 다른 아이들과 가까이 놀지만 같이 놀려는 생각도 없이 다른 놀이감을 가지고 자신의 놀이에만 몰두하는 혼자놀이solitary play, 친구들과 함께 노는 것을 좋아하고 친구 곁에서 놀이를 하지만 서로 영향을 주고받는 상호작용은 하지 않는 병행놀이paralled play, 친구들과 어울려 놀며 공통의 관심사에 대하여 대화도 하며 놀잇감을 나누어 가지나 역할 분담이나 조직적 전개 없이 자기가 원하는 대로 놀이하는 집단놀이의 형태인 연합놀이associative play, 그리고 놀이 리더와 공동의 목표가 있어 역할 분담의 조직에 따라 이루어지는 체계적인 협동놀이cooperative play가 있습니다. 병행놀이 이후 아이들이 놀이를 할 때 상호작용을 하며 서로 영향을 주고받는다는 것은 아이들도 자신도 모르게 서로가 갖고 있는 자연스러운 영향력에 대한 가치를 수용하고 있다는 것입니다. 우리의 어린 시절에서 내가 그리는 꽃 그림을 내 옆에

있는 순돌이가 똑같이 따라 그리고 있는 것을 넌지시 보며 혼자서 배시시 웃었던 경험을 누구나 갖고 있을 것입니다.

사회적 상호작용의 발달에 따른 아이들의 놀이 유형은 위에 기술된 순서대로 반드시 나타나는 것은 아닙니다. 그리고 상황이 각각의 아이들에게 다르게 주어지기 때문에 모든 유형의 놀이가 한 아이에게 나타나는 것도 아닙니다. 여기서 중요한 것은 아이들이 이 놀이 과정을 통하여 '친구'를 사귀게 된다는 것입니다. 혼자서 놀이에 몰입해 본 적이 없는 아이에게 친구를 사귀라고 무작정 많은 아이들로 구성된 집단에 들어가게 한다면 어떻게 될까요? 정말 친구를 잘 사귈까요? 아니면 따돌림을 당할까요? 요즘 학교 폭력이 전 세계적으로 큰 어려움으로 부각되고 있는 시점에서 중요한 주제가 아닐까 합니다. 혼자서기를 잘하면 마주 보기도 잘한다는 말이 있습니다. 그럼, 혼자 놀이를 하던 아이는 어느 순간부터 다른 아이들과 함께 놀이를 하는 즐거움에 사로잡히게 될까요? 한 아이가 굉장히 재미있어 하며 놀이에 집중해 있을 때, 다른 아이들이 궁금해합니다. 그래서 노크를 하는 겁니다. 나도 놀고 싶어. 나도 같이 놀아도 돼? 나도 끼워 줄래? 나도 놀게 해주면 이 사탕 줄게. 이때 놀이를 하던 아이는 상호작용을 잘 해야 친구를 얻는 겁니다. 소중한 관계가 세워지는 순간입니다.

그런데 요즘에는 비대면 학교 생활이 일상화되어 반 친구의 얼굴을 모르는 사태에까지 이르다 보니, '친구'의 중요성마저도 잃어버리고 있습니다. 그러니까 나 자신의 일만 잘해서 사회적으로 성공을 이루면 꼭 '친구'는 아니더라도 나를 따르는 사람은 저절로 생길 거라고 생각하는 겁니다.

하지만, 거듭 말씀드리지만, '친구'는 꼭 필요합니다. 소위, '난 친구가 별로 필요하지 않은데……' 하는 사람은 필시 그 사람의 주변에 많은 좋은 친구들이 그 사람을 든든히 세워 주고 있기 때문입니다. 공기가, 물이, 햇빛이 우리에게 너무도 중요하지만 일상에서 소중하게 다루어지지 않는 이치와도 같습니다. 일상과 같아서, 일상이 주는 행복감이 늘 특별한 이벤트에 치이는 것처럼 그 소중함을 잊고 사는 듯합니다. 그렇다면 어른인데도 진정한 친구 하나 없는 사람은 세상을 이제 하직할 만큼 슬퍼해야 할까요? 아닙니다. 지금 내가 어떤 건강한 영향력을 가꾸고 있느냐에 따라 소중한 친구를 만나게 될 것입니다. 그렇다면 아이가 건강한 영향력을 갖는 때는 언제일까요? 역시 자신의 놀이에 몰입할 때입니다.

그러니 아이가 혼자 놀이에 몰입을 할 수 있느냐가 관건입니다. 이것은 앞서 1장에서 말씀드린 '애착'과도 관련이 있습니다. 부모님과 짧은 시간이라도 얼마나 재미있게 놀이를 했는지, 그리고 꼭 많은 시간이 필요한 양적 양육이 아니라 질적 양육을 통해 얼마나 부모님과 안정 애착을 형성했는지가 놀이에의 건강한 몰입을 도와준다고 할 수 있습니다. 또한 엄마의 뾰족구두를 신고 다니는 행동이나 아빠의 넥타이를 갖고 놀이를 하는 아이들이 내가 사랑하는 엄마, 아빠의 모습을 따라 흉내 내기를 하는 그때가 도덕성의 기준까지도 본받고 싶어하는 중요한 시기라는 점에서, 아빠와 엄마, 그리고 아이에게 영향력이 있는 그 어떤 대상이라도 작은 아이에게는 도전의 대상이며 소중한 모델이라는 것을 잊지 않으셔야 합니다.

도전 거리가 있는 친구

사람은 혼자서는 살 수 없습니다. 누군가에게 자신의 능력과 존재에 대한 인정을 받음으로써 사람이 갖고 있는 내면적 특성은 어떤 성장을 하게 됩니다. 그래서 혼자서 많은 능력을 갖고 있다고 기분 좋아할 필요도 없고 또 없다고 우울해할 필요도 없습니다. 우리 모두 서로가 서로를 서로의 장점을 격려하고 응원하며 사는 세상이기 때문입니다.

상대방이 없으면 아무 의미 없는 나의 능력에 대해 도전이 되었다고 인정해 주는 누군가가 있다면 먼저 그의 성품에 도전을 가져 볼 만합니다. 고마운 것입니다. 또한 내가 누군가에게 도전 거리를 찾을 수 있다는 것, 그 도전 거리를 갖고 있는 존재가 있다는 것, 감사한 일입니다. 왜냐하면 바로 그것이 나의 성장에 촉매제가 될 것이기 때문입니다.

그래서 아이들에게는 바라볼 수 있는 모델이 있다는 것이 큰 축복인 것입니다. 그 큰 복, 아빠가 되어 주실까요? 아니면 엄마가 되어 주실까요? 또 교사도 되어 줄 수 있습니다. 내가 내 아이에게 나를 통해서 복을 받을 수 있는 통로가 되어 줄 수 있다면 얼마나 신나는 일일까요? 그리고 그것은 오히려 아빠에게, 엄마에게, 그리고 교사에게 부메랑처럼, 메아리처럼 돌아와서 마음에 환희를 안겨 줄 더욱 큰 복으로 증폭될 것입니다.

성장을 위해 무無에서 유有를 창조할 수는 없습니다. 굳이 그것을 위해 시간과 노력을 낭비할 필요는 없습니다. 미래는 예측하는 것이 아니라 이해하는 것이라고 합니다. 내 주변을 이해하는 것으로 미래를 알 수 있다고 합니다. 미래를 향한 아이의 성장은 바로 아이에게 이해되어진 아이 주변

가까이에 있는 유有의 존재를 향하여 갖게 되는 도전으로부터 이루어질 것입니다. 아이가 주변에 대해 갖는 관심은 아이의 시야를 확대하고 아이에게 보다 풍요로운 삶을 선물로 줄 것입니다. 당신이 아이에게 건네는 도전의 말 한 마디(순돌아, 너의 예쁜 말이 나에게 도움이 되었단다)로, 아이(순돌이)가 다른 친구에게 건네는 도전의 말 한 마디(미잘아, 네가 무엇이든 열심히 하는 것이 나에게 도움이 되었어)로 서로의 마음이 산같이 세워질 것이고, 서로의 미래를 향한 성장이 한층 격려될 것입니다. 그런데 이왕이면 그 사람보다 먼저 배려해 주시기 바랍니다. 그를 먼저 세우십시오. 이렇게 말입니다.

"당신에게 도전이 되었습니다!"

당신의 이 말로, 그 사람도 당신에게서 큰 영향력을 먼저 보게 될 것입니다. 영향력을 주고 받는 사이, '친구', 정말 가치있는 관계 아닌가요!

제10장
'이해'라는 평가

제가 유아교육 현장에 교사로서 몸담고 있었을 때, 어느 날 선한 눈매를 가지신 한 어머님과 날카로운 눈매를 가진 까무잡잡한 피부색에 작지만 단단해 보이는 체구의 남자아이가 입학상담을 위하여 유치원을 방문하였습니다. 상담시 목사 사모님이셨던 어머님은 아이가 좀 반항적이라고 언질을 주시기는 했지만 저는 그 이후 저희 반이 폭력의 현장이 될 줄은 꿈에도 몰랐습니다.

 5세인 그 남자아이를 반 아이들 누구도 건드리지 못했습니다. 감히 건드렸다가는 그 작은 아이에게 먹살을 잡히기 십상이었습니다. 아무리 개인적으로 그 아이를 다독이고 잘못된 행동 때문에 다른 친구들과 좋은 관계를 맺을 수 없음을 말해 주어도 그때뿐이었습니다.

공격적 행동을 하던 아이의 변화

그래서 학기 초 매일 저를 찾는 학부모의 전화가 끊이지 않았습니다. 전화의 내용은 거의 모두 '피카츄'라는 아이가 자기네 아이를 괴롭힌다는 것입니다. '피카츄'는 공격적 행동을 보였던 그 아이가 늘 입고 다니던 상의에 그려져 있는 캐릭터였습니다. 시간이 좀 더 지나자 그 아이는 제가 보이는 곳에서는 그런 행동을 하지 않았습니다. 그러나 보이지 않는 곳에서 여전히 아이들을 힘으로 제압하려고 했습니다. 아이들은 그 아이가 무서워서 저에게 말하지도 못했습니다. 어쩌다 발견한 이러한 상황에 저는 아연실색했습니다. 그 아이의 공격적 행동으로 저희 반 아이들이 당연히 누려야 할 최선의 행복을 느끼지 못하는 것에 제 마음이 짓눌렸습니다. 그런데 그 아이도 행복해 보이지 않았습니다. 늘 불만으로 가득한 표정이었습니다. 그렇게 두 해가 흘러 저는 그 아이의 졸업식을 앞두고 있었습니다. 그때까지도 저는 많이 완화되기는 했지만 그렇게 행동하는 그 아이의 마음을 완전히 이해할 수 있을 만큼 소통을 하지 못했고, 그것은 저에게 그 아이를 처음 만나고부터 내내 교사로서의 큰 무능력감으로 밀려왔습니다. 졸업 선물로 아이들에게 주는 마음의 카드를 만들면서 저는 '마지막 기회'라는 각오로 그동안 함께했던 그 아이의 모습을 떠올리며 진심을 다하여 편지를 썼습니다.

졸업 후 한 달이 지났습니다. 그 남자아이 여동생도 유치원 입학을 한다고 하여 그 남자아이의 어머니가 저희 유치원을 다시 방문했습니다. 그때 그 어머니가 매우 행복한 표정으로 한 말은 정말 제게 큰 깨달음을 주었습니다.

"선생님, 도대체 그 카드에 뭐라고 쓰셨길래 순돌이가 그렇게도 눈물을 흘렸을까요? 저희 순돌이가 이제 초등학교에 가서 정말 멋진 정의의 사도가 되었답니다! 선생님 정말 감사해요!"

'내가 무어라 썼나……'

저는 가만히 기억을 떠올렸습니다. 편지글 내용을 생각해 내는 것은 그리 어렵지 않았습니다. 왜냐하면 '마지막 기회'라는 각오로 그 아이에 대해 포기하고 싶지 않은 제 아리고 쓸쓸한 마음을 고스란히 담아 적었기 때문입니다.

사랑하는 순돌이에게.

순돌아! 순돌이는 늘 1등이 되고 싶지요. 1등이 되면 제일 좋은 거라고 생각하는 거지요.

그래서 1등이 되려고 뭘 하든지 제일 먼저 달려오고 제일 먼저 하려고 하지요. 그런데 정말 제일 먼저 하는 것만이 제일 좋은 것일까요? 선생님은 순돌이가 1등이 되는 것도 좋지만 1등이 되는 것보다 순돌이가 1등이 되지 않더라도 친구들과 사이좋게 지내서 아주 많은 친구들을 갖게 되는 순돌이가 되는 것이 더 좋아요. 물론 1등도 되고 친구도 많으면 더 좋지요. 초등학교 올라가서 그런 친구가 순돌이라고 다른 친구들이 자랑해 주면 선생님은 정말 행복하겠어요! 멋진 순돌이~ 파이팅!!!!

고은 유치원
지혜반 김승희 선생님이

대략 이런 내용이었습니다. 저의 마음속은 그 아이의 어머님으로부터 전해들은 그 아이에 대한 반가운 소식 때문에 그야말로 '감격'으로 가득찼습니다.

무얼까? 왜 그렇게 그 아이가 공격적 행동을 보이는 걸까? 고민 끝에 제 마음속에는 '칭찬을 받는 이유'에 대한 그 아이의 잘못된 이해가 원인일지도 모른다는 생각이 떠올랐습니다. 늘 칭찬을 받으려면 제일 앞에 앉아야 하고 줄을 설 때 맨 앞에 서야 한다, 등등의 이유로 그 아이는 다른 아이들을 제치고 그 자리를 쟁취해야 했습니다. 무력을 써서라도 말이지요. 그 편지는 그런 그 아이의 졸업을 앞두고 '마지막'이라는 단 한 번의 남은 기회에 제가 그 아이에게 전했던 진한 마음의 글이었습니다. 내 마음을 알아줄까, 하고 전한 편지가 제게 준 선물은 소중한 확신이었습니다.

"어떤 아이도 포기해도 되는 아이는 절대로 없다!"

99명의 아이들을 1명의 아이와 바꿀 수 없는 것처럼 1명의 아이가 갖는 가치를 99명의 아이들이 갖는 가치와 저울질 할 수 없습니다. 아이들은 모두 각각 다른 소중한 가치를 갖고 있기에 그에 따른 다른 이해가 필요한 고귀한 생명이기 때문입니다.

판단하기 전에 이해해 주세요

"언더스탠드understand."

우리는 보통 이 영단어를 '이해하다'라는 의미로 알고 있습니다. 그런데 단어의 구조가 참 재미납니다. '아래에under'와 '서다stand'입니다. 즉, '아래에

서다'입니다. 이해한다는 것은 동등한 입장에서 하는 것이 아니라는 것입니다. 상대방의 입장 아래에 서 봐야 그 상대방의 속사정을 이해할 수 있다는 것입니다.

아이가 아무 말도 못하고 울고 있습니다. 동등한 입장에서 그 아이의 울음은 시끄러운 소음에 지나지 않습니다. 하지만 그 아이의 입장 아래에 서 보려고 한다면 배가 고파서 우는지, 기저귀가 불편해서 그런지, 엄마가 보고 싶어서 그런지 이해할 수 있습니다. 이해를 해야 도울 수 있습니다.

판단을 잘 하기 이전에 이해를 잘 해야 도울 수 있습니다.

우리는 매일 매 순간 생활 속에서도 판단을 위한 평가를 합니다. 예쁘다, 밉다, 크다, 작다, 많다, 적다, 어울린다, 조화롭지 못하다 등. 그런 평가가 나를 향한 좋은 평가일 때는 기분이 썩 나쁘지 않지만, 그렇다고 다른 사람에게 평가를 받는다는 것이 누구에게나 그리 좋은 기분은 아닙니다. 그래서 평가를 하는 것 자체가 조심스러운 것입니다.

교사의 중요한 일 중의 하나가 '평가'입니다. 아니, 교사뿐만 아니라 아이에게 가르침을 주는 자라면 누구나, 당연히 먼저 해야 할 것이 평가 과정입니다. 관찰과 수업을 통해 얻은 아이에 대한 정보를 잘 판단하여 평가해야 그것을 기반으로 아이의 성장을 도울 수 있습니다. 하지만 그러한 좋은 목적이 있어도 평가를 받는 아이는 평가에 대해 그리 좋은 경험을 갖고 있지 않은 예가 대부분입니다. 우리가 통상 갖는 '평가'에 대한 개념이 '비교'에 근거하고 있기 때문입니다.

제가 시간 강사로서 강단에 섰던 초창기에 저에게는 '교육학개론'에 대

한 강의가 주어졌습니다. 저는 그때 제가 사용했던 교육학개론 교재를 잊을 수가 없습니다. 그 교재 내용을 활용하여 '교육평가' 영역의 강의를 준비하면서 저는 바람직한 평가에 대한 저의 신념을 확고히 세울 수 있었기 때문입니다. 그 책에는 평가에 대해 이렇게 소개되어 있었습니다.

'평가의 기저에는 비교가 아니라 이해의 개념이 있습니다.'

평가는 비교가 아니라 이해를 위해서 이루어져야 합니다. 이해를 위해 평가를 해야 하는 궁극적인 이유는 배움을 얻고자 하는 그 아이를 돕기 위한 것입니다.

저 아이가 이 아이보다 눈이 나쁘니까 앞자리에 앉혀야겠다, 이 아이가 저 아이보다 키가 크니까 뒷자리에 앉혀야겠다, 저 아이가 공격적인 행동을 하는 것은 말을 잘 못하기 때문이므로 말하는 방법을 가르쳐 주어야겠다, 저 아이가 김치를 싫어하니까 김치를 물에 씻어서 주고 김장 만들기를 해 김치에 관심을 갖도록 해주어야겠다 등 이것은 말할 것도 없이 유아 교사뿐만 아니라 교사라면 당연히 가져야 할 평가의 자세입니다. 즉, 평가의 방법은 '배려하는 것' 그 자체라고 할 수 있습니다. 그런데 왜 우리 학습자들은 여전히 평가받는 것을 힘들어 할까요?

서면 평가만을 주로 해 왔던 과거와는 달리 현재 교육계에는 다양한 평가 방법들이 수행되고 있습니다. 다양한 평가 방법이 연구되고 개발된 이유는 학습자에 대한 다면적 이해라는 측면이 하나의 목적일 것입니다. 그러나 최종 평가를 통하여 이루어진 이해에 대해 교사들은 수치를 내어 점수화합니다. 비교하기 위함입니다. 비교가 나쁘다는 것은 아닙니다. 다만

'~보다 나은', '~보다 못한'이라는 내용의 평가로 그쳐서는 안 된다는 것입니다. 돕는 것이 목적이 되어야 한다는 것입니다.

평가는 돕는 것이 목적

평가는 비교가 목적이 아니라 돕는 것이 목적입니다. 현재 대학에서는 다양한 특징을 갖고 있는 예비 영유아 교사들이 매주 그들이 교사로서 갖추어야 할 실력을 향상시키기 위해 마련된 수업 시간에 임하게 됩니다. 일반적으로 교수자인 교수님들은 예비 영유아 교사들이 모두 교수님들이 그리는 모범 답안 같은 교사상으로 그들이 준비되기를 기대하면서 가르칩니다. 그것은 저 역시도 마찬가지였습니다. 하지만 현실적으로 느끼는 것은 정작 예비 영유아 교사들도 개인적 특성이 모두 다르기 때문에 개별화의 원리를 적용할 필요를 느낍니다. 예를 들면 서면 평가에서는 그다지 점수를 못 받은 학생이 실기 모의 수업에서는 좋은 평가를 받는 경우입니다. 이론에서는 낮은 평가를 받은 학생이 실기에서는 높은 평가를 받는 것입니다. 비단 이것뿐만 아닙니다. 유아교육과에서는 아무리 다양한 과목으로 학생들이 갖고 있는 이모저모의 능력을 계발하여 평가한다지만 한 사람이 가지는 역량이 그렇게 단순하지 않습니다. 그 역량이 잘 보이기도 하지만 숨어 있기도 합니다. 그래서 함부로 어떤 한 학생을 어떠하다고 말하기가 쉽지 않습니다. 물론 평가 당시, 평가에 '모범 답안'처럼 준비된 학생이 있는 반면, 어떤 학생은 성인일지라도 많은 기다림을 필요로 하는 학생노 있습니다. 그 학생에게는 그 학생이 성장할 것이라고 믿고 기다려 주는 교사가 필요한 것입니다.

 한 학생의 이야기입니다. 이 학생은 '영유아 교육과정'이라는 수업 시간에 들어와서 계속 잠을 잤습니다. 졸음을 이겨 내지 못했습니다. 물론 제 수업뿐만이 아니라고 하지만 워낙 이 과목이 갖는 중요성 때문에 저는 이 학생이 이 과목을 수료하지 못할까, 염려가 되었습니다. 그래서 어느 날 저는 드디어 마음을 먹고 그 학생을 향해 큰 소리를 냈습니다.

 "순돌아! 어서 일어나요! 화장실에 가서 세수라도 하고 오세요!"

 저의 호통은 그 학생의 마음에 동력이 생기게 했습니다. 눈을 반짝이며 일어난 그 학생은 저에게 요청을 했습니다.

 "교수님, 이전 자료들을 잃어버렸는데요, 다시 얻을 수 있을까요?"

 수업이 끝나고 그 학생과 하이파이브를 했던 저의 손에서 그 학생의 미소를 느낄 수 있었습니다.

 그 학생은 그 후 저의 교수 과목 중 '교과교재 연구 및 지도법'이라는 수업을 수강하였습니다. 그리고 강의가 시작되자마자 제게 특별한 문자를 주었습니다.

 "교수님, 제가 교구를 준비하는 과정, 과정을 때때마다 미리미리 점검받고 싶은데요, 해주실 수 있나요?"

 저는 정말 감사했습니다. 자신을 알고 자신의 수업을 계획할 수 있게 된 그 학생의 인내와 의지, 겸손한 마음에 감사했습니다.

완벽한 이해를 향한 사랑의 노력

모든 사람이 다른 사람을 완벽히 이해하기란 불가능합니다. 교사 역시 모든 학습자의 상황을 이해하기란 쉽지 않습니다. 그것은 아이를 낳은 부모마저도 동일합니다. 그러니 아이를 둘러싸고 있는 사람들이, 특히 교사가 아이와 똑같은 경험을 하는 예는 그리 흔한 것이 아닙니다. 그래서 이해한다는 것이 어렵습니다. 보통 '이해한다'고 말을 할 때는 "난 당신과 비슷한 경험을 해 봤어요. 그래서 당신의 마음이 어떤지 알 수 있습니다."라고 말하는 것인데, 아이의 경험을 인지하지 않은 상태에서 아이의 상황을, 학습자의 입장을 고려한다는 것은 정말 어려운 것입니다.

하지만 사랑하면 노력할 수 있습니다. 아래에 설 수 있습니다. 그 아이의 아래에 서서 그 아이의 입장을 고려하는 것, 그것은 사랑의 노력으로 이루어지는 것이며 교사가 학습자를 평가할 때 가져야 할 가장 기본적인 자세입니다. 사랑 때문에 객관적 평가를 못하는 맹인이 되라는 것이 아니라 사랑 때문에 보다 객관적 평가를 하고 그 결과를 바탕으로 도울 수 있는 방법을 강구하고 적용하는 것이 교사의, 그리고 아이의 성장을 돕는 부모의 역할이라는 것입니다.

그래서 저는 제가 걸어왔던 길과 같이 '직업'으로서, 아이들에게 삶을 안내해 주었던 '사람을 세우는 사명'을 갖고 계신 교사들께 먼저 저만의 사랑으로 드리는 고백을 하고 싶습니다. 하지만 이 고백은 교사들의 사랑의 안내를 받기 전, 이미 "건강한 양육"이라는 책임감을 안고 행복한 가정을 통해 아이에게 삶의 이정표를 만들어 주고 계셨던 부모님들께 드리는 존경심을 전제로 하고 있음을 말씀드립니다. 제가 이렇게 아이를 위한 특별히 의미있는 사람들인 부모님들과 교사들에게 감사의 인사를 드리는 이유는 아이를 위하여 양측의 입장이 때로 다를지라도 평가 이전에 '이해'의 마음으로 서로를 다독여 주고 세워 주어야 하기 때문입니다. 다른 누구도 아니고, 바로 아이를 위해서 말입니다. 교육에 종사하시는 '교사들에게', 자녀들을 위한 양육에 힘쓰시는 '부모님들에게' 서로서로가 사랑의 존재로서, 비교 이전에 이해되는 믿음의 평가로 서로를 세워 줄 때, 아이를 위한 교육의 장場은 더욱 견고하게 세워질 것이고 아이는 행복한 곳에서 건강한 삶을 배워 나갈 수 있을 것입니다. 저의 사랑의 고백, 다시 한 번 해 볼까요.

"당신을 이해하고 싶습니다!"

제11장
한계로 이루는 기적

저는 기독교인으로서 감사하는 마음으로 지금까지 살아오면서 자랑스러운 것이 두 가지 있습니다.

    첫째, 가르치는 자로서 부르신 것.
    둘째, 배우는 자로서 부르신 것.

    교사다워서가 아니라, 교사로서의 자질이 부족함에도 교사라는 직업을 통하여 사람을 사랑하고 사람을 세우는 사명을 갖도록 '가르치는 자'라는 자리를 경험했던 것이 자랑스럽습니다.
    배울 역량이 부족함에도 배우고자 하는 열망을 주셔서 '배우는 자'라는 자리를 경험했던 것이 자랑스럽습니다.
    저는 과거 가르치는 자, 일명 '교사'라는 직업군에 있었습니다.

교수직도 교사라고 감히 생각합니다. 대부분의 교수님들에게 제가 존경하는 교사상을 발견했기 때문에 저는 이 말을 자랑스럽게 말할 수 있습니다. 그리고 또 한 가지 그러한 존경하는 교사상에서 저는 그분들이 늘 배우고 계시다는 것을 확인합니다.

제게 많은 영향을 주셨던 모 교수님은 현재는 명예교수로서, 대학에 재직 중이실 때도 주 1회 글쓰기 수업writing lesson을 받으시는 것을 보고 깜짝 놀랐던 기억이 있습니다. '아직도 배움의 자리를 놓치지 않으시는구나!' 그런데 퇴직 후 70세 연세에도 자녀들에게 카카오톡을 배우신다는 소문에 놀랐던 제가 어느 날 교수님으로부터 온 장문의 카카오톡 문자 메세지를 받아 보고서야 비로서 교수님에 대한 소문이 당연한 것이었다는 것을 확인할 수 있었습니다. 제게 그 교수님은 평생 다른 사람을 세우는 교사로서의 기본 자세를 보여 주시는 중요한 모델 중 한 분이라는 것을 다시 한 번 확신할 수 있었던 기회였습니다.

가르치는 사람은 배우는 사람이어야 해요

어느 여름 저는 흥미로운 메일을 받아보았습니다. 국내 오디 뮤직*의 선구자이신 노주희 교수님의 직강으로 이루어지는 음악 연수과정을 위한 국비 연수생을 선발한다는 내용이었습니다. 10주 동안 이루어지는 장기간의 연수라는 부담도 있었고, 연수대상의 연령대가 20~30대일 것이라는 예

---

* 노주희 박사(한국 오이에이션 교육연구소 대표)에 의해 1997년부터 우리나라에 알려지고 있는 유아 음악 감성 교육(에드윈 고든Edwin Gordon의 음악학습이론을 바탕으로 음악감수성을 계발하는 프로그램)을 말한다.

상도 그렇지만, 음악 전공자가 아닌 제가 연수생으로서 합격할 확률을 생각하니 쉽게 연수 과정에 참여할 마음을 갖기가 어려웠습니다. 하지만 문학과 음악과 인성 교육의 연계라는 연수 프로그램 내용이 저의 연구 욕구를 끌어올렸고, 급기야 용기를 낸 저는 문을 두드리기로 결심을 하고 음악 연수과정 국비 연수생으로서 신청서를 제출했습니다.

전국에서 50명을 선발하는 국비 연수인 만큼 연수생을 선발하는 과정은 세 단계로 나누어 긴밀히 이루어졌습니다. 서류 심사와 집단 면접 그리고 개인 면접을 통하여 저는 다시금 배움에 대한 설렘을 품었습니다. 마지막 단계인 개인 면접에서 노래를 불러야 한다는 것에 놀람을 금치 못했지만 저의 최선이 무엇일까 고심한 끝에 고교 시절 지었던 저의 창작 노래를 불러야겠다고 마음먹었습니다.

노래를 부르고 나온 저는 최선을 다하기는 했지만, 국비 연수생 선발 면접에 참가하신 분들을 살펴보니 보통 수준의 분들이 아닌 것을 알게 되었고, 그래서 제가 합격한다는 것은 '기적'이라는 생각에 절반은 포기하는 마음을 가졌습니다. 그런데 정말 기적적으로 저는 합격의 영광을 얻었습니다. 너무도 감사하고 감사해서 저는 연수 과정 O.T 때부터 강의실의 맨 앞자리를 놓치지 않았습니다. 연수에 임했던 과정 내내 저는 음악 감수성 교육에 대한 신세계를 경험하며 노주희 교수님의 교육 신념이 담긴 열강에 깊은 감동을 받았고 그 배움의 자리는 음악과 문학과 인성교육에의 연계에 대하여 마음을 여는 계기가 되었습니다.

연수 과정이 국비로 진행되는 이유로 50명으로 인원을 제한해야 했고,

그렇기 때문에 더욱 연수 참가생의 자격을 잘 선별해야 한다는 필요가 그토록 철저한 면접을 거치게 했다는 것만으로도 저의 열정적인 연수 참가에 대한 동기는 충분했습니다. 하지만 그보다 더욱 제게 주어진 연수 참가에 대한 기회에 감사했던 이유는 제가 가르치는 자였기 때문이었습니다. 가르치는 사람은 배우는 사람이어야 합니다. 가르침을 위해 배움을 갖는 것은 자신이 가르치는 자라는 확신과 자부심에서 비롯되어야 합니다. 그래야 그 확신과 자부심이 가르치는 자가 습득하는 배움에 '열심'이라는 엔진을 달아 줄 수 있기 때문입니다. 또한 결과적으로 자신에게 배울 또 다른 배우는 자를 위해 그 배움을 응용하고 발전하여 또 다른 가르침을 만들어 낼 것입니다.

'한계'를 아는 지혜도 넘어서는 것

여기서 우리가 잠깐 생각해 보아야 할 것이 있습니다.

'나는 가르치고 싶은 것을 다 배울 수 있는가?'

전 여기에 '한계'가 있음을 잠시 염두에 두기를 조심스럽게 권고드리고 싶습니다.

제가 예전에 본 한 영화를 예로 들어보도록 하겠습니다. 임신을 한 어떤 젊은 어머니에게 병원의 의사는 뱃속의 아이가 '다운증후군'이라는 의학적 판정을 내립니다. 어머니는 절망에 빠지고 아이를 낳고 싶어하지 않습니다. 하지만 병원측은 아이를 낳는다면 병원측과 잘 협력하여 아이를 잘 돌볼 수 있도록 어머니를 돕겠다고 약속을 합니다. 어머니는 열 달만에 아이를 낳았고, 예상했던 것처럼 '다운증후군'을 갖고 태어난 아이의 성장을 위하여 모든 교육적 방법을 다 동원합니다. 너무도 놀라운 것은 아이는 초등학교에 입학하기 전까지 거의 다른 아이들처럼 잘 성장을 합니다. 그래서 어머니는 이 아이의 교육을 통한 성공적인 발달에 대한 강연을 하러 전국 곳곳을 다니게 되었습니다. 이 영화의 마지막 장면에서 어머니는 역시 강연장의 강단에 올라섰습니다. 그리고 말합니다.

"전 이탈리아에 가려고 비행기를 탔어요. 그런데 비행기에서 내려보니 목표하지 않은 여행지인 프랑스였어요. 전 술도, 담배도, 마약도 한 적 없이 순결한 임신을 했기 때문에 건강한 아이를 낳을 줄 알았어요. 그런데 목표하지 않은 여행지인 프랑스에 도착했듯이 생각지 못한 다운증후군 아이를 낳은 거예요. 하지만 이 아이는 감사하게도 기대 이상으로 잘 자라 주었어요. 병원의 헌신적인 지원을 받아 저 역시도 아이가 다운증후군을 극복해 주기를 바라면서 최선의 노력을 했어요. 이탈리아 못지 않게 프랑스가 아름다운 것처럼 이 아이를 키우는 내내 행복했습니다. 하지만 역시 염두에 둘 수밖에 없는 것은 이 아이에게 있는 유전적 한계limit 입니다."

1장에서 언급하였듯이, 아이큐IQ는 대부분이 유전적 정보로 발현되는 능력입니다. 또한 기질 역시 사람에게 있어서 변하지 않는다고들 말하는 중요한 성격적 요소입니다. 배움에는 다른 많은 요소들이 작용하지만 크게 아이큐와 기질이 갖는 역할이 크다고 할 수 있습니다. 즉, 내가 무엇인가를 배우고자 할 때는 선천적으로 정해진 나의 한계를 고려하는 것이 원리적인 측면이라고 할 수 있습니다.

고교 시절 문과와 이과를 나누어 학생들의 입시를, 미래의 준비를 했던 것처럼 말입니다. 배움을 위한 나의 학습 준비도를 측정하는 것, 그것도 가르치는 자가 보다 효율적으로 배우는 자리를 점유하는 지혜라고 할 수 있습니다.

하지만 정말 배워야 할 때, 정말 배우고 싶을 때는 굳이 효율적이지 않아도 됩니다. 그 열정 자체가 효율이 되어 줄 수 있기 때문입니다. 끊임없이 노력한다면 고지를 점령할 것입니다. 제 좌우명(노력한다고 다 되는 것은 아니지만, 노력하지 않고 되는 것은 하나도 없다)을 빌리자면, 목표한 고지에 당당히 이를 수도 있고, 목표한 고지가 아니더라도 어떤 중요한 고지를 탈환할 것입니다. 다른 고지를 향한 자신감과 만족감을 얻을 수 있을 만큼 말입니다.

배우려고 노력하는 사람은 당할 사람이 없습니다. 하지만 그것은 비단 지식뿐만 아니라 인성도 성품도 그렇습니다. 배우려고 노력하는 사람은 지식도, 지혜도, 인성도 그리고 성품도 배우고자 늘 준비하고 있습니다.

'배우고자 하는 마음'이라는 능력

"놀이지도"는 1학년 교과목으로서 모의 수업을 통하여 평가를 합니다. 하지만 처음 모의 수업을 경험해보는 1학년 학생들이 모의 수업을 통하여 평가를 받는 것은 쉽지 않습니다. 학생들의 피드백 요청에 따라 저는 학생들과 함께 수차례의 교육 계획안 수정 작업을 하고 수정된 교육 계획안을 가지고 학생들은 수업에 필요한 교구 제작과 수업 진행을 하게 됩니다.

평가를 받기 위해 일주일 내내 밤낮으로 교육 계획안을 준비했던 한 학생이 드디어 모의 수업을 시연하는 날이었습니다. 참 안타까웠던 것은 그 학생이 한 주 동안 얼마나 밤잠을 못 자가며 준비했는지 알고 있었습니다. 그럼에도 안타까웠던 것은 그 학생의 모의 수업에 대하여 많은 수정 지도를 해주어야 할 만큼 미비함이 많았다는 것이었습니다. 하지만 그 미비함을 수정할 수 있도록 지적하여 지도하는 것이 제가 그 학생에 대한 교수자로서 책임을 다할 수 있는 방법이었습니다. 마음이 아팠지만 하나하나 말해 주었습니다. 그 시간에 말해 주지 않으면 또 그런 실수를 범할 것이라는 생각에 각오를 한 것입니다. 이것은 그 자리에 있는 어떤 교수님이든 가질 수 있는 동일한 마음일 것입니다. 그런데 수정 지도를 마치자, 그 학생의 눈에는 눈물이 그렁그렁 맺혔습니다. 그 학생의 눈을 보고 그 학생의 마음이 전해졌던 제 마음이 참 아렸습니다.

수업이 끝나고 저는 그 학생을 기다렸습니다. 다행히 귀가 방향이 같았던 그 학생과 저는 천안역에서 우동을 한 그릇씩 먹으며 이야기를 했습니다. 이런저런 이야기를 하다가 취업에 관한 이야기가 나왔습니다. 여러 가지 질문으로 취업에 관해 묻는 그 학생에게 저는 문득 한 질문을 던졌습니다. 취업을 위해 면접을 보러 갔을 때 원장 선생님들은 성품이 준비되지 않은 능력이 좋은 교사와 능력은 좀 못 미치나 성품이 좋은 교사 중 어떤 교사를 선택하실지 물었습니다. 그 학생은 대답했습니다.

"성품이요!"

맞습니다. 능력이 많아도 겸손치 않아 배우려고 하지 않는 교사를 원장

선생님께서 채용하지 않는 것은 당연한 것이며, 능력이 좀 미비해도 배우려고 하는 교사는 원장 선생님께서 계속 가르쳐서라도 곁에 두려고 할 것이라는 것입니다.

그날 밤, 그 학생으로부터 문자가 왔습니다. 그냥 집에 갔다라면 마음이 많이 상했을 것이라고 말입니다. 그 학생이 선택해 준 정답에 저는 감사를 드립니다.

날마다 새로워지는 기쁨

배우고자 하는 사람에게는 특혜가 있습니다. 일신우일신 日新又日新. 날마다 새로워지는 자신을 발견하는 기쁨을 누리게 됩니다. 하지만 가르치는 자는 그렇게 자신이 새로워지는 기쁨의 자리가 책임의 자리이기를 바랍니다. 누군가에게 내가 배우는 것에 대하여 다시 가르쳐야 할 입장, 즉 교사라면 혹은 부모라면 그는 배우는 자가 갖는 특혜를 잘 누려야 합니다.

가르치는 자는 그 특혜를 받는 대상일 뿐만 아니라 그 특혜를 다른 사람에게도 나누어 줄 수 있는 '통로'가 되어야 할 것입니다. 그래서 내가 새로워지는 기쁨을 발견하게 될 자리에 서게 된다면, 나를 통해 더욱 새로워질 또 다른 배우는 자를 염두에 두고 배움의 자리에 있어야 한다는 것입니다. 가르치는 자는 잘 배워야 합니다. 익히 알고 있는 바에 대해서는 확신을 다지고, 몰랐던 새로운 배움에 대해서는 서슴지 않는 질문으로 용기를 내어야 합니다. 앞서 말씀드린 오디 음악 감수성 국비 연수에 참여하면서 저는 참 많은 질문을 했습니다. 모르는 것이 많아서 질문을 한 것이겠지만 다소 내성적이기도 한 제가 용기를 내어 질문을 했던 이유는 제가 궁금한 것이라면 후일에 그 내용에 대해서 다른 누구도 궁금할 것이며 만약 그 사람이 그것에 대해 제게 질문했을 때 제가 답을 제시해 주어야 한다는 교육적 책임 때문이었습니다.

앞서 말씀드린 바와 같이 저는 배우는 자입니다. 그래서 배우는 것을 좋아합니다. 그에 따라 저는 배우는 것을 좋아해서 생물학과 대학 동아리 '서도회' 활동을 했을 때 만든 개인 호呼가 애학愛學입니다. 하지만 그때는 가르치는 것에 대한 소명 의식이 없어서 그냥 배우는 것만 좋아했습니다. 그래서 그때는 제가 배우는 것에 대한 책임감을 갖지 못했던 기억이 있습니다. 하지만 교사든, 부모님이든, 가르치는 자에게는 배움에 대한 책임 의식이 있어야 한다고 생각합니다. 그래야 사랑하는 우리 아이들이 뜬금없이 던지는 질문에도 애정 가득한 답변을 해줄 수 있을 것입니다. 그 소중한 답변을 귀에 담는 아이들의 초롱한 눈빛을 향해 우리들은 다시 다정스레 말해 줄 수 있어야 합니다.

"항상 배우는 자리를 놓치지 마십시오!"

다시금 나 자신에게 다지는 이 말의 의미를 되새기며 무언가에 몰두하여 배우고 있을 때 아이는 다가와 내 등을 톡톡 두드리며 말할 것입니다.

"나도 그거 가르쳐 주세요! 재미있겠어요!"

아이의 그 말에, 무언가를 배우는 나의 재미는 말할 것도 없이 배 이상이 될 것입니다.

그것이 가르치는 자의 배우는 특권입니다.

제12장
키 재기 포토존photo zone에서

'변화는 우주 대폭발이 아니라 지렁이다Change is not Big-Bang but earthworm.'

학부 시절 유아교육 철학 시간에 제 마음판에 새겨졌던 실러Schiller*의 명문장입니다. 변화에 대한 이 비유에는 정말 상상도 못할 엄청난 보석같은 뜻이 숨어 있습니다.

교육자들은 보통 교육을 변화에 비추어 설명합니다. 그런데 위의 말에 의하면 변화란 갑자기 '펑' 하고 터지는 우주대폭발처럼 순간적으로 빨리 일어나는 것이 아니라 지렁이가 움직이 듯 서서히 이루어져야 한다는 것입니다. 지렁이가 1미터를 움직이기 위해서 어떤 과정을 겪는지 상상해

---

* 크리스티안 실러Christian Schiller(1895~1976). 영국의 유아교육 철학자. 아동중심의 열린교육이 영국의 유아교육과 초등교육에 뿌리내릴 수 있도록 실질적으로 공헌했다. 교육은 끊임없는 '진보'와 '개혁'을 통해서 변화되어 왔으며 변화 운동의 주요한 힘은 아동들을 향한 선구자들의 인내와 지속적인 추진력 때문이라고 했다.

봅시다. 가장 무거운 머리를 듭니다. 그리고 목을 들고 어깨를 들고 허리를 들고 또 머리를 들고 목을 들고 어깨를 들고 허리를 들고 그리고 다시 또 머리를 들고 목을 들고 어깨를 들고 허리를 들기를 계속합니다. 쉼 없이 끊임없이 인내와 투지를 가지고 똑같은 움직임을 반복하면서 나아갑니다. 정말 정말 쉽지 않은 행보行步입니다. 하지만 1미터의 변화를 위하여 지렁이는 계속하여 움직입니다. 그 1미터가 2미터가 되고 그 2미터가 4미터가 되면서 지렁이는 울타리를 넘고 개울을 건널지도 모릅니다. 터널을 뚫을지도 모릅니다. 변화는 그런 것입니다. 교육은 그런 것입니다. 갑자기 이루어지지 않습니다. 그래서 쉽지 않습니다. 하지만 쉽지 않다고 포기해야 할까요?

변화를 이루기 위한 교육적 의지

한 TV 드라마가 떠오릅니다. 주인공은 어느 날 죽음의 선고를 받습니다. 그래서 그녀는 죽음을 앞두고 하고 싶은 소원을 적는 버킷 리스트bucket list를 만듭니다. 그 리스트대로 주인공은 평소에 해 보지 못했던 일들을 해 나갑니다. 10년 동안 바꾸지 않았던 휴대폰을 바꾸고, 탱고를 배우고, 제주도 여행을 갑니다. 우리는 흔히 우스개 말로 '사람이 안 하던 짓을 하면 죽을 때가 되었다'라고 합니다. 그만큼 변화는 죽음을 앞에 두고 이루어질 만큼 어려운 것이고 또 그러기에 죽음만큼이나 엄숙한 감동을 줍니다.

그렇다고 교육을 통해 아이들의 변화를 도모하는 교사들이 교육을 핑계로 아이들을 죽음으로 내몬다고 한다면 그건 정말 말도 안 되는 일일 것입니다. 이런 말이 있습니다. 교수는 '교수형'에 처해야 할 만큼 죽음을 각오하고 연구와 가르침에 최선을 다해야 한다고 말입니다. 그만큼 교사들이 중요하고 어려운 일을 감당하고 있다는 것입니다. 또한 아이들의 성장을 위하여 양육을 통한 변화를 시도하는 우리 부모님들의 가정에서의 노력도 더하면 더했지 모자라지 않을 것입니다.

변화는 좋은 변화가 있고 나쁜 변화가 있습니다.

좋은 변화를 경험하지 못한 사람은 좋은 변화를 위한 모델이 되기에도, 영향력을 주기에도 어려움이 있습니다. 그래서 교사는 물론 부모님들은 좋은 변화를 스스로 조장하고 관리하며 누릴 수 있어야 합니다.

"나는 원래 이래!"라는 말은 버리십시오.

원래부터 그런 사람은 아무도 없습니다. 그리고 당신의 마음먹기에 따라 당신은 최선의 변화를 누릴 수 있습니다.

변화에는 행동이 따라야 해요

누구든지 자신이 극복하고 싶은 삶의 영역에 대한 변화를 꿈꿉니다. 하지만 그 꿈을 뒤로하고 돌아서는 이유는 최종 목표만 보고 자신의 현재 모습은 수용하지 못하는 데 있습니다. 그냥 '저는 그거 못해요'라는 사람들이 있습니다. 물론 사람들은 모두 다양하고 다른 장점과 단점을 갖고 있기 때문에 자신을 이미 객관적으로 인정하고 자신의 특성에 맞게 긍정적인 삶을 살아가고 있는 분들도 있습니다. 하지만 도달하고 싶은 목표는 있는데, 그 목표를 향하여 가기 위한 한 걸음의 노력에 대하여 '못해요'라고 하는 것은 못하는 것이 아니라 안 하려는 것입니다. 물론 더 잘할 수 있는 기질이나 성격적 특성이 있는 어떤 사람에게는 그 능력이 더 잘 갖추어져 있을 수 있습니다. 그렇다고 그런 능력이 없는 나 자신에 대해 투덜대고만 있다면 소위, 성경의 그 유명한 달란트 비유에서 말하는 '악하고 게으른 사람'입니다. 여기서 악과 게으름을 동일선상에 놓고 말하고 있다는 것은 굉장히 의미심장합니다. 게으름은 그냥 게으른 태도나 성질이 아니라 악惡과 비등하다는 것입니다. 그럼, 투덜대지 말고 무엇을 해야 할까요?

정말 목표를 둔 그 능력이 갖고 싶다면 그 능력을 다른 사람이 아닌 내 것으로 만들 수 있는 시간과 노력에 대한 계산을 하고 투자해야 합니다. 내게 한계가 있고 시작점이 다르다고 목표에 못 오르는 것은 아닙니다. 다만 내가 눈이 잘 안 보이면 안경을 써서라도 말입니다. 다른 사람과 똑같은 시작점이 아니더라도, 그러니까 5층에서 시작하는 다른 사람과 달리 1층부터 올라가야 한다면, 내가 얼마나 목표 지점에 가고 싶은 열망이 있는가를 점검해 보아야 합니다. 그 열망이 안경을 안 써도 눈이 잘 보이는 5층에서 시작하는 사람보다 비교할 수 없이 크다면 최선을 다해 지렁이처럼 열심히 올라가면 됩니다. 물론 그 옆에 당신과 같은 지혜로운 사람의 사랑 가득한 안내가 있다면 변화하고자 하는 사람은 더 없이 큰 힘과 확신을 얻을 것입니다.

변화는 행함을 수반하지 않으면 이루어질 수 없습니다.

결심을 하면 실천이 뒤따라야 한다는 것입니다. 의도하든지 의도하지 않든지 시간이 지나면 사람에게는 자연스럽게 변화하는 것도 있지만, 꼭 마음을 먹고 실천을 하고 내 몸에 배이게 하여 습관이 되어야 하는 것도 있습니다. 그런 것은 쉽지 않습니다. 어렵습니다. 어떤 행동이 내 몸에 배이게 하기까지 혹자는 적어도 100일 정도가 소요된다고도 하지만, 상당한 시간의 노력이 수반되어야 하는 것은 분명합니다. 그래서 다른 사람에게 어떤 목표를 실현하기 위하여 세운 내 계획을 선언하거나 표현한다는 것은 그 목표에 대한 웬만한 열정과 치밀한 계획이 준비되어 있기 전에는 조심스러운 것입니다.

눈 위에 첫 발자국을 찍는 사람

생물학과 학부 시절에 있었던 일입니다. 2학년 때쯤 개인 사정으로 휴학을 하게 된 적이 있습니다. 그때 저는 저 자신의 정체성에 대한 질문을 하게 되었고 제게 돌아온 답변 중 하나가 '크리스천'이었습니다. 하지만 이 말을 하는 것은 참 쉽지 않습니다. 이 말을 하는 순간부터 사람들은 저를 예수님의 잣대로 평가하기 시작하기 때문입니다. "저는 크리스천입니다."라는 말이 "저는 예수님처럼 결점이 없는 사람입니다."라는 뜻이 아니라 "결점이 많아서 예수님을 닮아 가려고 노력하는 사람입니다."라는 의미임에도 말입니다.

제가 존경하는 모 교수님은 늘 수업 시간에 이런 말씀을 하셨습니다.
"나는 하나님을 믿는 사람입니다."

저는 그 분의 그 장엄한 고백에 늘 가슴이 울렸습니다. 어떻게 저런 숭고한 고백을 하실 수 있을까. 비신앙인의 시선에 대한 두려움 없이 이어지

는 교수님의 자신감 넘치고 신념이 살아 있는 강의는 '변화를 동반하지 않는 지식은 무가치하다'라고 했던 무디Moody*의 명언 그 자체였습니다. 교수님은 항상 알고 계신 것을, 믿고 계신 바를 몸소 강의실뿐만 아니라 삶에서 실천하고 계셨습니다. 그것은 행함을 통하여 변화를 일구어 내는 교사의 본입니다.

교사는 안내자이며 돕는 자입니다.

그리고 또한 먼저 행하고 따라오라고 손을 잡고 이끌어 주는 지도자여야 합니다. 하지만 1미터의 변화를 위하여 움직이는 지렁이에게 머리를 드는 작업이 제일 어렵고 힘든 것처럼, 이 세상의 아이들이 보다 나은 삶을 살 수 있도록 변화를 주도하는 지도자도 쉽지 않은 걸음을 걷게 될 수 있습니다. 그렇다 할지라도, 그 걸음이 향하는 곳을 책임감 있게 바라봐 주고 아이들이 행복하게 따라 걸어갈 수 있는 길을 만들어 주는 지도자는 아이들을 사랑으로 가르침을 주고자 안내하는 어른이었으면 합니다.

저는 현재 작가로서 출판사를 운영하고 있습니다.

최근 "직업인과의 만남"이라는 주제로 초등학교 5학년 학생들에게 '동화작가'에 대한 소개를 하기 위한 강의를 하게 되었습니다. 아이들은 정말 집중하여 열심히 제 말을 빼놓지 않고 들었고, 글을 써보는 활동에도 적극적으로 참여하여 '동화작가'에 대하여 알고자 노력하였습니다. 그런 모습이 너무도 대견하여 혹시나 하는 마음으로 짧게 남은 시간에 마무리로 다

---

* 드와이트 라이먼 무디Dwight Lyman Moody(1837~1899), 미국의 침례교 평신도 설교가이자 복음 전도자. 칼빈주의 신조를 근간으로 성경을 문자적으로 이해하며 예화를 적절하게 잘 사용했다.

음과 같은 이야기를 해주었습니다.

"어떤 사람이 아무도 걸어가 보지 않은 하얗게 눈이 쌓인 벌판을 걸어가려고 해요. 그 사람이 걸어가면 무엇이 생기나요? 그렇죠. 발자국이 생깁니다. 그럼 그 사람 뒤에 오는 사람은 그 벌판 앞에 섰을 때 어떤 생각을 할까요? 그렇죠. 앞 사람이 걸어가고 남겨진 발자국을 보면서 '이게 길이구나!' 한다는 거죠. 그리고 열심히 걸어간답니다. 그러니까 내가 걷는 걸음, 그 한 걸음이 정말 중요하겠지요!"

전 깜짝 놀랐습니다. 제가 '이게 길이구나!' 하고 말하는 순간, 아이들의 심장이 '쿵!' 하는 소리를 듣는 듯 아이들의 눈망울이 또릿이 커졌습니다. 그리고 동시에 제 심장도 '쿵!' 하는 것을 느꼈습니다.

변화하고 성장하는 기쁨

어떤 새로운 길을 걷는다는 것, 변화의 발걸음입니다. 설렘도 있겠지만, 두려움도 클 것입니다. 하지만 지렁이처럼 1미터의 소신 있는 움직임으로 투지를 갖고 인내하며 나아간다면 내가 걷는 길 옆에 열린 맛있는 사과나무의 사과 맛이 얼마나 좋은지도 즐길 수 있을 것입니다.

가르치는 자는 배우는 자로서의 특권을 갖고 있습니다. 또한 배우는 자는 가르치는 자로서 배워야 합니다. 더불어 가르치는 것도 배우는 것도 변화를 전제로 한 것임을 잊지 마시기 바랍니다. 변화를 전제로 한 배움은 가르침의 초석이 되고, 변화를 전제로 한 가르침은 아이들이 안전하고 신뢰할 수 있는 길을 가도록 안내할 수 있습니다. 그러면 그 길을 걷는 아이들의 기쁨에 찬 웃음소리가 끊이지 않을 것입니다.

　얼마 전, 국내외 출판사와 독자들간에 도서를 교류하는 장場으로서 서울국제도서전이 서울 삼성동 코엑스 전시장에서 개최되었습니다. 많은 출판사들의 홍보 부스들과 전시관들 뿐 만 아니라 여러 가지 재미있는 도서 관련 이벤트가 눈에 띄었습니다. 그 중 하나, 책으로 키를 재는 포토존 photo zone이 있었습니다. 그 앞에 얼른 서서 사진을 찍으며 저에게는 많은 생각이 오갔습니다. 나는 올해 내 키만큼은 책을 읽었나? 읽은 책들은 나에게 내 나이만큼이나 밀도있는 성장을 주었을까? 그 성장은 내가 원했던 변화였을까? 내가 읽은 책으로 일구어낸 변화는 다른 사람에게도 유익한 걸까?

　릴레이 경주에서 내가 잡고 뛰는 '변화'라는 바통을 우리 팀의 다음 선수에게 잘 전달하기 위해서는 내가 먼저 레이스를 잘 달려야 합니다. 기쁨을 갖고서.

　"나 자신부터 변화하는 기쁨을 누리십시오!"

제13장
동그라미 일일계획표의 여백

"당신은 언제 행복을 느끼시나요?"

박사과정 첫 시간인 '유아교육 정책' 수업 시간에 조형숙 교수님께서 대학원생들에게 하신 질문이셨습니다. 행복 지수가 한창 화두가 되던 시기였습니다. 그 질문에 대학원생들은 저마다 고개를 끄덕이며 미소를 짓게 되는 대답들을 해주었습니다. 예쁜 옷을 입을 때, 맛있는 음식을 먹을 때, 목표했던 성과를 올렸을 때, 살을 뺐을 때 등등. 그때 저는 이렇게 대답을 했던 것으로 기억됩니다.

"아이스 아메리카노를 들고 대학 캠퍼스를 걸을 때 저는 행복을 느꼈습니다."

9여 년 동안 유치원 현장에 있다가 새로운 환경의 변화를 접한 저에게 다가온 행복이었습니다. 생동감 넘치는 현장으로부터 열정적인 학구열로 책 속에 머리를 파묻고 공부를 통해 즐거움을 나누는 학교로 돌아온 저에게 의도하지 않았던 새로운 행복이었습니다.

그렇다면 행복은 정말 내가 의도하지 않았는데 다가오는 것일까요?

우리는 거의 매일 매순간 행복을 꿈꾸며 산다고 해도 과언이 아닙니다. 무의식속에서라도 행복을 추구하는 의도가 숨어 있기 때문에 혹여 나의 행복에 방해를 주는 장애물이 나타날 경우 '방어기제'라는 것도 나타나 나의 행복감을 사수하고 사는 것 같습니다. 이솝우화의 《여우와 포도》에서 여우가 먹고 싶었던 포도를 먹지 못하자 그것을 '신포도'라고 하며 "자기합리화"를 통해 자신의 내적 행복을 보호하듯이 말입니다. 그러고 보면 행복은 내 손에 꼭 무엇이 주어져야 하는 것은 아닌가 봅니다.

'유아과학'에 조예造詣가 깊으신 조형숙 교수님은 매달 출판사가 제공하는 과학 관련 추천도서를 탐독하시면서 과학에 대한 지식을 체계적으로 관리하신다고 하십니다. 그분은 평상시에는 참 낙천적이십니다. 그래서 다른 사람들이 삶에 여유를 두도록 유쾌하게 해주십니다. 저는 그렇게 주변 사람들을 세워 주시는 교수님의 궁극적인 힘이 참 궁금했습니다. 그리고 저는 교수님께서 몸소 실천하고 계신 행복의 원리가 '관리'에서 비롯됨을 발견하게 되었습니다.

가르치는 사람은 자신을 관리하지 않으면 배우는 사람을 도울 수 없습니다.

가르치는 사람, 특히 교사와 부모는 자신을 관리하는 데 소홀함이 없어야 합니다. 지식과 생각뿐만 아니라 단정한 외모도 마찬가지입니다. 또한 그러한 것을 관리하기 위한 시간이 잘 관리되지 않으면 아이들을 세울 수 있는 여건이 마련되지 않습니다. 사람을 세우는 것은 무엇보다 시간이 요구되는 작업이기 때문입니다. 하지만 더욱 중요하게 관리해야 하는 것은 마음입니다. 가르치는 사람이 마음을 행복하게 관리하지 않으면 아이들을 행복하게 안내할 수 없습니다. 행복한 아빠가, 행복한 엄마가, 행복한 선생님이 행복한 아이들을 만듭니다.

가르치는 자로서 자신이 행복을 느끼지 못한다면 긴급히 자신의 생활을 점검해야 합니다. 왜 내가 행복을 느끼지 못하느냐가 가장 표면적인 질문이겠지만, 사람을 세우는 명분과 역할을 갖고 있는 사람이라면 항상 내가 누구이며, 무엇을 해야 하며, 어떻게 살 것인가를 생각합시다.

그래서 행복이 갖는 '복된 행운'이라는 뜻이 무책임하게 산 삶에 다가온 '요행僥倖'이 아니라 나의 삶에 대한 사랑이 전제되어 책임감 있는 성실함으로 얻게 된 당연한 결과로서 이해되기를 바랍니다.

행복도 관리해야 해요

현대인의 알 수 없는 병의 근원인 스트레스 때문에 우리는 많은 대화들 속의 질문 중 하나가 "스트레스를 어떻게 해결하십니까?"라는 것을 알고 있습니다. 하지만 저는 그 질문보다 이렇게 질문해 보시기를 권해 드립니다.

"행복을 관리하는 방법이 무엇입니까?"

그런데, 행복을 느껴 보지 못한 사람은 당연히 행복을 관리할 수도 없습니다.

행복은 주어진 환경에서 관리하는 것입니다. 행복이 주어지는 완벽한 환경은 아무에게도 주어지지 않습니다. 절대적으로 물리적 조건을 다 갖춘 환경일지라도 표면화되지 않았을 뿐이지 누구에게나 넘어지고 얻은 찰과상에서부터 철석같이 믿었던 사람으로부터 얻은 배신감에 이르기까지 마음의 상처를 겪어 보지 않았다고 말하는 사람이 있다면 그 사람은 정말 지구를 떠나야 할 사람입니다. 왜냐하면 마음의 상처만큼이나 우리 삶에 '행복'을 꾸려 내는 데 큰 장애물이 없기 때문입니다.

영유아 교사들은 현장에서 참 많은 일들을 합니다. 아이들을 돌보고 교육하는 것이 주업무이나 그 밖에도 많은 행정·관리·상담 업무까지도 전부 해야 하는, 그야말로 팔방미인이며 원더우먼입니다. 아니 그래야만 합니다. 그래서 그 과중한 업무로 인하여 영유아 교사들은 그토록 가치롭고 숭고한 직업을 갖고 있음에도 행복하지 않은 경우가 있습니다. 그것은 심각한 문제입니다.

하지만 그렇다고 교사라는 직업을 박차고 사람을 세우는 소중한 일을 포기하는 것만큼 불행을 자초하는 행위 또한 없을 것입니다. 영유아 교육 현장은 아이들에게 '재미'있는 곳입니다. 그런데 그것은 그들의 선생님에게도 마찬가지여야 합니다. '재미'있는 곳이어야 합니다. 선생님이 재미를 느끼는 곳이 아이들에게도 재미있고 행복한 곳입니다.

행복은 관리하는 것입니다. 잘못 놓여졌으면 제대로 놓고, 없으면 채워 넣고, 먼지가 쌓여 있으면 털어 내야 합니다. 스스로 자신의 행복한 삶을 관리하는 선행 작업이 매일 매일 아이들과 함께 하는 영유아 교육 현장을 재미있는 곳으로, 행복한 곳으로 관리하는 비결이 될 것입니다. 그럼 행복을 관리한다는 것은 무엇일까요?

행복을 위한 공간, '여백'

두 나무꾼이 시합을 하였습니다. 아침 7시부터 저녁 7시까지 하루에 나뭇짐을 얼마나 많이 하나 시합을 해 보자고 했습니다. 그런데 두 나무꾼의 방식이 달랐습니다. A 나무꾼은 아침 7시부터 저녁 7시까지 쉬지 않고 나뭇짐을 했습니다. 그런데 B 나무꾼은 50분 일하고 10분 쉬고, 50분 일하고 10분 쉬고 하면서 나뭇짐을 했습니다. 드디어 저녁 7시가 되었습니다. 과연 누가 더 많은 나뭇짐을 했을까요? 맞습니다. 10분씩 쉬었던 B 나무꾼이 하루 종일 쉬지 않고 도끼로 나뭇짐을 했던 A 나무꾼보다 더 많은 나뭇짐을 해냈습니다. 하루 종일 쉬지 않고 나뭇짐을 했던 A 나무꾼은 너무도 화가 나고 억울해서 B 나무꾼에게 물었습니다.

"당신은 매 시간 10분씩이나 쉬었는데, 어떻게 쉬지 않고 일한 나보다 나뭇짐을 더 많이 할 수 있었나요?"

B 나무꾼은 이렇게 대답했습니다.

"나는 10분 동안 도끼의 날을 갈았습니다."

'도끼의 날을 간다'는 뜻은 도끼 날을 날렵하게 하여 나무를 더 잘 자를 수 있도록, 즉 나무꾼이 나뭇짐을 많이 하고자 하는 자신의 일을 더 잘할 수 있도록 힘을 비축한다는 의미입니다. 이 예화가 전해 주는 지혜의 메시지는 시간 관리에 있어서 필수입니다. 물론 시간의 물리적 공간(셀 수 있는 10분, 1시간, 1분 등)도 그렇지만 시간 속의 정신적 공간(여유로운 마음, 융통성,

자신감 등)을 관리하는 데에 무엇보다 중요합니다.

10분의 도끼 날을 가는 시간이 정말 중요하다고 느끼십니까? 그렇다면 저는 취미 생활의 중요성을 강조하고 싶습니다. 1시간에서 주 업무가 50분이라면 10분은 취미 생활을 하시며 휴식을 가질 수 있기를 권해 드립니다. 취미 생활은 시간이 나서 하는 것이 아니라 시간을 내서 하는 것입니다. 그것도 정성을 들이는 작업입니다. 그럼 더 스트레스가 쌓이지 않겠느냐고 하실 수도 있겠지요? 그러니까 취미는 정말 좋아하는 것을 해야 합니다. 기분 좋게 해낼 수 있는 것입니다. 그러면 제가 장담하건대 주 업무에 도움을 줄 수 있는 여러 가지 에너지원들이 나타나 나의 행복을 더욱 든든하게 관리해 줄 것입니다.

덧붙여서, 동양화가가 화지에 여백을 만들 때도 그렇겠지만 삶 속에서도 공간을 만들기 위해서는 쉽지 않은 결정을 해야 합니다. 화지에 그리고 싶은 모든 것을 다 넣지 않겠다는, 모든 것을 하고 싶지만 그 중 자신의 역량에 맞게 긴급하고 중요한 것을 선택하고 집중해야 한다는 절제심이 필요합니다. 모든 것에 대해 'YES'를 하는 긍정적 사고도 필요하지만 때로는 용기있는 'NO'가 행복의 조건이 될 수도 있습니다. 이것은 항상 모든 일에 "YES man"이나 "YES woman"이 성공적인 삶의 관리자가 아니라는 말입니다. 다른 누구를 판단할 것도 없이 나의 삶 속에서 행복한 관리자가 아닌 것입니다. 나의 삶에는 집중하여 열심을 다하는 선택사항이 있는지, 그것이 더욱 돋보일 수 있는 여백은 있는지, 내 삶의 공간은 어떻게 나누어져 있는지, 어떻게 가구와 살림살이들이 배치되어 있는지 살펴보아야 합

니다. 어린 시절 동그라미 일일계획표를 그리듯 말입니다.

마음의 창고를 점검하세요

하나의 회사에는 총무부, 인사부, 기획부, 영업부, 관리부 등 여러 부서가 있습니다. 어느 부서가 더 중요하고 어느 부서가 덜 중요하다고 말할 수 없습니다. 사람의 삶에도 이러한 부서가 있습니다. 절대로 관리부서를 소홀히 대할 수 없습니다. 즉, 내가 누군가를 특히 아이들을 도와야 하는 자리에 있다면 자신의 행복을 관리하십시오. 그렇지 않으면 내 삶의 목적으로도, 인간 관계로도, 좋은 아이디어로도, 맡겨진 아이들을 잘 세울 수 있도록 시기적절한 도움을 줄 수 없습니다.

관리를 잘 못하는 사람은 자신이 무엇을 갖고 있는지 잘 모릅니다. 반면 관리를 잘하는 사람은 자신의 창고에 무엇이 있는지 잘 압니다. 즉, 회사로 말하자면 재고 파악을 잘한다는 것입니다. 관리를 잘 못하는 사람은 자신의 옷장에 바지가 있음에도 홈쇼핑을 보며 똑같은 바지를 주문하는 바보 같은 짓을 저지를 수 있습니다. 하지만 관리를 잘하는 사람은 다른 사람이 보지 못하는 자신의 작은 행복으로도 큰 기쁨을 누릴 수 있습니다. 관리의 중요성, 다시 언급하자면 행복을 관리하는 능력의 가치는 정말 아무리 강조해도 부족하지 않습니다.

그래서 또 다시 힘주어 외쳐 봅니다.

"항상 당신을 행복하게 관리하십시오."

동그라미 일일계획표를 그릴 때 내가 가장 염두에 둔 여백은 무엇일까요? 어떤 사람은 동그라미 계획표 안의 '잠자기' 영역일 것이고 또 어떤 사람은 동그라미 계획표가 종이 안에 얼마만 한 크기로 그려질 지를 고려하며 배려해 둔 계획표 밖의 종이 여백일 것입니다.

  다 다릅니다. 아이도, 부모님도, 교사도 다 다릅니다. 그래서 우리 모두가 갖는 도끼 날을 가는 시간도 다 다르고 그 시간이 영향을 줄 그 주 업무도 다릅니다. 그러므로 부모에게, 교사에게 소중했던 행복과 아이에게 소중한 행복도 다를 수 있다는 것, 염두에 두어야겠습니다.

제14장
정직한 거울 보기

저는 매일 하는 일 중의 하나가 '거울 보기'입니다. 아마 대부분 그럴 것입니다. 만약 그렇지 않은 사람이 있다면, 그것은 정서적이든 정신적이든 심각한 어려움이 있는 사람일 것입니다. 아이들은 영아때부터 거울 속의 자신을 보면서 점차적으로 자신의 존재를 확인해 가지만, 거울은 성인이 되어서도 자신의 존재를 확인하고 수용하는 중요한 도구입니다.

'거울' 하면 떠오르는 우리의 친밀한 동화가 있습니다. 《백설공주》입니다. 백설공주를 괴롭히는 마녀 왕비는 매일 자신의 '요술 거울'을 들여다보며 묻습니다.

"거울아, 거울아, 세상에서 누가 제일 예쁘니?"

왕비는 삶의 가장 중요한 목적이 자신의 외적 아름다움을 가꾸는 것이었습니다. 물론 그것은 최고 지배력을 표현하는 대표적인 삶의 목적으로 선택된 것일 수도 있습니다. 마녀 왕비에게 있어서 세상에서 제일 아름다운 외모는 세상에서 최고의 자리에 있다는 것을 말하는 것입니다. 마녀 왕비는 자신이 최고라는 확신이 있었고 그것을 매일 확인하는 것이 가장 큰 즐거움이었습니다. 그 확인을 돕는 도구가 바로 그녀의 신비한 요술 거울이었습니다.

이 거울은 생명이 있는, 말을 하는 요술 거울입니다. 그리고 정직한 거울입니다. 언제나 진실만을 말한다는 이 거울은 어느 날 마녀 왕비보다 백설공주가 더 아름답다고 말을 합니다. 자기 확신이 깨지는 순간 마녀 왕비는 두려움에 어쩔 줄을 모릅니다. 백설공주보다 못한 외모를 가진 자신을 수용하기보다 백설공주를 죽임으로써 거울 속 미美의 2인자가 되어 버린 자신의 모습에서 도망가고 싶어합니다.

자신을 정직하게 들여다볼 용기

거울을 보는 것은 용기입니다. 요술 거울이 말을 했다고 하지만, 어쩌면 매일 거울을 통하여 마녀 왕비가 자신을 향하여 말하고 있었을 것입니다. 자신이 제일 예쁘다고 말입니다. 하지만 어느 날 백설공주를 아름답게 본 순간, 마녀 왕비는 거울을 통해 자신에게 말을 하고 있었던 것입니다. 자신보다 백설공주가 더 아름답다고 말입니다. 정말 받아들이고 싶지 않은 순간인 것입니다. 언제나 최고의 외모만을 세상에서 최고의 가치로 여겨 왔는데, 그리고 그 가치를 가지고 있는 사람이 바로 자신임을 늘 자랑스럽게 확신하고 있었는데, 스스로 자신이 세상에서 미美의 2인자라는 것을 인정하고 있다는 것은 참을 수 없는 일인 것입니다. 그렇지만 이 마녀 왕비에게는 제가 참 부러워할 만한 것이 있습니다. 정직한 거울이 있다는 것입니다.

자신을 정직하게 보는 것은 쉬운 일이 아닙니다. 거울을 보려고 거울 앞으로 나아가는 것도 용기가 필요하지만, 매일 거울을 보며 이에 끼인 고춧가루를 빼내고, 눈에 끼인 눈곱을 떼는 일은 내 허물이 잘 보이는 깨끗하게 잘 닦여진 거울을 갖고 있을 때 가능합니다. 고춧가루나 눈곱을 떼지 않고 외출을 해서 중요한 만남을 갖거나 한다면 어떻게 될까요? 정말 상상도 하기 싫은 상황이 벌어질 것입니다. 고춧가루나 눈곱을 떼지 않은 저를 보며 사람들은 소리없이 비웃음을 터뜨릴 수도 있고, 가까이 하기도 싫어 멀리 떨어져서 손가락질을 할 수도 있고 기억의 한 편에 고춧가루나 눈곱을 장착한 저의 이미지를 넣어 놓고 언제고 떠올리며 이야깃거리로 삼을 수도 있습니다. 정말 끔찍합니다!

그런데 내가 거울을 보며 빼내야 할 고춧가루며, 눈곱들이 무엇일까요? 그것은 개인마다 다르겠지만 꼭 빼내야 한다는 것은 누구나 공감하는 것일 것입니다. 그리고 꼭 빼내야 하는 것은 분명 다른 사람과 함께 사는 사회에서 다른 사람과 잘 어울려 살아가는 데 불편을 겪게 하는 것들일 것입니다. 겉모양에도 있을 수 있지만 저는 내면에 있는 것들을 말씀드리고 싶습니다. 게으름, 이기적인 마음, 부정적인 사고, 불공정, 용기없음, 부정직, 무책임, 인내하지 않음 등.

이런 것들은 솔직히 피가 철철 흐르는 표면적인 외상과 같이 확연히 구분이 되지 않기 때문에 내 몸에서 '이것은 내 것이 아니야!' 하고 구별하기

도 쉽지 않고 내 몸에서 송두리째 빼내기도 어렵습니다. 그러니까 좋은 거울이 있어야겠습니다.

왜냐하면 빼내고 싶어도 거울이 깨끗하지 않으면 보이지 않기 때문입니다. 무엇을 빼내야 할지 판단이 서지 않습니다. 저는 이제까지 살면서 이런 상황들이 종종 있었습니다. 그럴 때마다 제게 도움을 주었던 거울이 있었습니다. 제가 빼내야 할 고춧가루가 무엇인지 눈곱이 무엇인지 제가 판단할 수 있도록 거울이 되어 주신 많은 스승님들이 계셨습니다. 설교 말씀대로 삶을 살아 주신 교회 전도사님, 가르쳐 주신 지식대로 삶에 적용하시는 교수님들, 나누어 준다는 신념대로 삶을 실천하시는 선생님들, 소중한 자신의 경험으로부터 지혜를 주셨던 선배님들. 순수한 마음 그대로 표현해 주었던 유치원 아이들, 소신껏 자신의 생각을 말하며 저의 지식을 수용해 주었던 학생들 그리고 사랑과 인내로 저의 삶을 지켜보고 계셨던 부모님.

정직한 거울이 되어 주어야 할 사람

가르치는 자는 정직한 거울이 되어 주어야 합니다. 제 인생의 많은 기간 동안 교직이라는 땅을 밟고 살았지만, 저는 원래 교사가 되려고 하지 않았습니다. 제 주변 많은 친한 친구들이 거의 모두 고등학교를 졸업하고 교대와 사대로 입학을 하였지만, 그때 당시 저는 교직에 매력을 느끼지 못했습니다. 제 인생을 바꾼 것은 신일교회에서 고등학교 1학년들에게 성경에 대한 믿음을 가르치기 시작했던 교사의 직임이었습니다. 그때부터 저는 교사라는 역할이 어렵지만 정말 매력적인 역할이라는 확신을 갖게 되었습니다. 제가 어렵다고 하는 이유는 교사가 늘 돌아가야 할 제로Zero 지점, 원점이 있다는 것입니다. 자신의 정확한 모습을 보기 위해서도, 자신을 보며 닮아 갈 제자들을 위해서도 교사는 돌아가야 할 원점, 기준점을 지켜 내야 합니다. 왜냐하면 교사는 제자들이 자신의 모습을 정직하게 들여다 볼 수 있는 거울이 되어 주어야 하기 때문입니다.

영아도 '언행일치'를 알아요

거울을 들여다보며 자신을 발견하는 영아도 교사가 언행일치walk that talk를 하지 않으면 교사에게 위선을 느낀답니다. 재미있기도 하고 무시무시한 말이 아닐 수 없습니다. 왜냐하면 영아는 영유아 교육 기관에만 있는 존재가 아니라 우리 영아의 아빠, 엄마곁에서도 방긋방긋 웃고 있는 사랑스러운 아이이기 때문입니다.

사람과 사람과의 관계에서 위선을 느낀다, 배신감을 느낀다는 것만큼 위험한 것이 없습니다. 또 한 번 관계라는 끈에 금이 가면 갖은 부목을 대가며 치료를 해도 원래의 관계의 다리를 회복하는 것이 쉽지도 않습니다. 그렇다면 정말 완전하게 정직하고 완벽하게 신뢰로운 관계를 구축할 수 있는 부모와 아이, 그리고 교사와 아이는 가능한 걸까요? 저는 그 가능성도 물론 당연할 수 있겠으나 보다 현실적으로 앞서 말씀드린 금이 간 관계의 다리에 회복을 위하여 처방하고자 애쓰는 '부목'의 정성에 주목해 보고자 합니다. 그것은 매일 더러워지는 아빠, 엄마, 선생님의 거울을 매일 닦으며 자신의 모습을 비추어 보는 성실한 노력입니다. 금이 간 다리도 아프겠지만, 아이는 정직하려고 노력하는 부모님과 선생님의 모습에 나도 할 수 있겠다!' 하며 거울을 즐겁게 들여다볼 것입니다.

"정직한 거울 보기를 즐거워합시다!"

우리 아이도 이제 누군가의 귓가에 대고 말해 줄 수 있겠지요. 다정하게 말입니다.

나오며

언행일치言行一致라는 말은 참 어렵습니다.

그래서 유구무언有口無言이란 말을 하는지도 모르겠습니다.

하지만 '노력'한다면, 진심을 다해 '노력'한다면 우리 안의 갈등들은 풀리지 않을까 합니다.

글을 마치면서 생각지도 못한 눈물을 흘리게 되었습니다. 저에게 축복의 경험을 주었던 교사의 자리를 떠올리게 되었기 때문입니다.

저는 이 원고를 집필하면서 제가 이제까지 살아오는 과정 가운데 저를 한 명의 가르치는 자로서 세워 주시고자 제게 귀한 영향을 주신 저의 많은 스승님들을 마음속에 기억하고 있습니다.

지금도 동일하게 유아 교육의 발전을 당신의 삶 속에서 실현하시며 미래를 바라보게 하시는 모 교수님, 바쁘신 일정 중에도 제자의 문자에 정겨운 답변으로 응원과 격려를 아끼지 아니하시며 '제자애'에 대한 가르침도 더불어 주시려고 열정을 다하시는 박찬옥 교수님, 자아존중감의 중요성을 다시 한 번 실감하게 하시고 교육 현장에서 적용하게 하신 정수경 교수님, 행복한 자기 관리만이 제자의 행복을 도울 수 있다는 원리를 발견하게 해주신 조형숙 교수님, 정말 가르쳐야 할 것을 제대로 가르치고자 헌신을 마다하시지 않는 노주희 교수님, 언제나 청년들의 삶 속에 하나님의 말씀은 생명이 있고 살아 있어야 한다는 것을 몸소 실천하고 계신 박성남 목사님, 진인사대천명盡人事待天命이라는 소중한 말씀을 제 가슴에 새겨 주신 김명해 선생님, 아름다운 그림동화책과 동시집을 그리고 지으시면서 사람이 가져야 하는 신념과 열정을 아이들에게 심어 주고 계시는 박정완 동화·동시작가님, 그리고 저의 영어 역량의 증진뿐만 아니라 하나님의 사람으로서, 교사로서, 배우는 자로서의 자세를 바르게 볼 수 있도록 성경에 비추어 보게 하셨던 서은정 선생님, 청년의 바른 기백을 갖고 있었던 유아교육과 학생들과 티없이 맑고 밝았던 유치원의 아이들, 그리고 제가 갖고 있는 역량을 스스로 잘 발휘할 수 있도록 성실과 정직한 모습으로 끝까지 기다려 주셨던 부모님, 정말 진심으로 이분들이 제 인생의 정직한 거울임을 자랑하고 싶습니다. 이분들 앞에 서는 것이 저의 부족함 때문에 때로는 힘들 때도 있었고, 부족함이 채워짐으로 즐거울 때도 있었지만, 그분들의 삶을 바라봄으로써 정직한 한 걸음 한 걸음을 내딛는 제 발걸음이 참 당당했습니다. 감사 드립니다.

하지만 저에게는 배우는 자로서, 가르치는 자로서 행복함을 누렸던 교육의 장場으로서, 제 삶의 가장 중요한 '자아존중감'이라는 보물을 발견했던 학교였기에, 현재 실추된 '교권'의 모습과 배움에 신나고 즐거워해야 할 아이들의 힘겨운 등굣길이 눈에 어른거려 눈물을 참기 어려웠습니다.

이 책은 앞서 말씀드린 바와 같이 '어른'을 위한 책입니다.

한 아이를 돌보기에 앞서 나 자신을 돌보고 아끼고 책임져야 하는 '어른'의 모습을 잊지 않으시기를 바랍니다.

나 자신의 소중함을 알았기에 당당한 '어른'이 되었다고 자랑스러운, 행복한 얼굴로 함박 미소를 짓게 되었으면 좋겠습니다. 그럴 때 그 어른 옆의 아이도 신이 난 모습으로 어른의 손을 잡고 걸어가 줄 것입니다.

이 책이 그 걸음에 작은 선물이 될 수 있기를 바랍니다.

김승희 교육 에세이
행복한 어른이 행복한 아이를 기른다

초판 1쇄 펴낸날 2024년 1월 15일

글 김승희
그림 이진경

펴낸이 김승희
펴낸곳 이을출판사
주소 서울시 구로구 경인로 54길 4, 제A동 3층 F315호(구로동, 구로유통상가)
대표전화 010-4334-7018
이메일 spring504@naver.com
카페 https://cafe.daum.net/ieul69504

출판등록 제 440-37-01009 호(2018. 11. 5)
ISBN 979-11-965528-8-6 03370
값 16,000원

ⓒ 김승희 이진경, 2024

• 잘못된 책은 바꾸어 드립니다.